望子成富

教授爸爸与孩子的理财对话

Money-Talk with Kids

[美] 洛克 · 布莱恩　著

方仁馨　译

生活 · 讀書 · 新知　三联书店

图书在版编目（CIP）数据

望子成富：教授爸爸与孩子的理财对话 /（美）布莱恩著；方仁馨译.
—北京 ：生活·读书·新知三联书店，2011.10
ISBN 978-7-108-03673-5

Ⅰ. ①望… Ⅱ. ①布… ②方… Ⅲ. ①财务管理－家
庭教育 Ⅳ. ①TS976.15②G78

中国版本图书馆CIP数据核字(2011)第033780号

责任编辑 田晓昕
封扉设计 蔡立国
责任印制 郝德华
出版发行 生活·讀書·新知 三联书店
（北京市东城区美术馆东街22号）
邮 编 100010
图 字 01-2010-7715
经 销 新华书店
印 刷 北京京海印刷厂
版 次 2011年10月北京第1版
2011年10月北京第1次印刷
开 本 880毫米×1230毫米 1/32 印张 6.5
字 数 97千字
印 数 00,001-10,000册
定 价 25.00元

望子成富

教授爸爸与孩子的理财对话

序

天下的爸妈都是一样的——提早实施财务教育

美国的开国元勋、发明避雷针的科学家，同时也是理财大师的富兰克林（Benjamin Franklin）说过："投资知识，获利最佳。"那如果投资的是"财商知识"，获利就更可以期待了。

理财，是现代人生活中很重要的一环，问题是，几岁开始接触理财是合理的呢？

或许每个人的看法有别，但是从小就接触财商教育，确实已是世界的潮流。尤其是当卡债、连动债等金融争议不断发生后，各国政府都察觉到民众不仅须有进一步的金融理财常识，理财教育更应该及早做起，让孩子了解理财工具与风险，以加强个人自我保护意识，于是从小学生到高中生都要接受投资理财的知识。

比方说，英美等国对儿童的理财教育是从小就开始的。盎格鲁萨克逊民族的父母会给小孩子金钱，让他们学习运用与投资，饭桌上的话题也经常是“该如何投资？”“如果投资股票或是基金，哪一只股票或是哪一只基金会有更高的投资回报率呢？”金钱教育是让孩子提早认识世界、学习拥有不虞匮乏的人生的重要历程。

相对地，亚洲的父母向来不喜欢与子女谈及钱的问题，有些父母觉得谈钱很俗气，孩子不需知道赚钱，努力读书就好。甚至很多父母的观念是嫌钱不干净，认为纸币和硬币上有着很多病菌，绝对不可以让小孩碰触到，结果反而造成孩子对财务的疏离感。因此，亚洲孩子的财商知识较欧美孩子要缺乏许多。

衡诸世界各国，例如美国、新西兰、加拿大、巴西，甚至亚洲的日本等国，早已将理财纳入教学单元，美国、新西兰更将理财教育提前至幼儿园，让小孩从 3 岁踏入幼儿园起，就建立金钱的概念。**美国人把理财教育称之为“从三岁开始实现的幸福人生计划”**，有着循序渐进的理财教育目美国人把理财教育称之为“从三岁开始实现的幸福人生计划”。

标：3 岁能够辨认硬币和美元纸币；5 岁知道基本硬币的等价物，知道钱是怎么来的；7 岁能够数大量硬币；8 岁知道把钱存到储蓄账户里；9 岁能制订简单的一周开销计划，购物时知道比较价格；12 岁能够制订并执行两周开支计划，懂得正确使用银行业务中的术语；13 岁至高中毕业，则要尝试进行股票、债券等投资活动以及商务、打工等赚钱实践。而以精明赚钱能力著称的犹太人，无论在世界各地的家庭，更是都要求孩子从小就做家务换取零用钱，使孩子认识到，即使出生在富有的家庭里，也应该有工作的欲望和社会责任感。

到底财商教育可以为孩子带来多大的好处与利益？数字会说话。几年前，英国为了在中小学推动财商教育，曾经通过国内的公共政策研究所针对美国实施多年的学校理财教育进行追踪调查，结果发现，受过理财教育的学童在长大到35 岁至49 岁时，累积的家庭财富要比未受理财教育者多出 3.2 万英镑。明显对比出财商教育重要性的英国政府，便在 2006 年 9 月开学后，在中小学的教材中新增了个人理财单元。当时英国首任儿童、中小学与家庭事务大臣鲍尔斯（Ed Balls）强调：“鼓励儿童有理财观念，培养投资意识，愈早愈好。”

无疑地，从上面可以看出各国父母对子女的财务教育都建立起尽早开始的想法。怀抱“望子成富”想法的父母们，可千万不要让自己及子女输在理财的起跑线上。我跟儿子保罗与女儿塞丽娜的财商对话，正是因应了这一世界趋势的探讨，还包括生活中如何教育孩子的做法。

前　言

“理财教育”就是一种“生存教育”

2003 年，一位年仅 16 岁的英国女孩卡莉·罗杰斯赢得了 190 万英镑乐透彩金，成为英国最年轻的彩票头奖得主，名噪一时。中奖后的她，又买车又买房，光是为自己和家人就买了 4 栋房子，还花了 30 多万英镑旅行等，但更糟糕的是，她交了一个嗑药的男友，年纪轻轻便生了两个孩子，还花了许多奖金在毒品上。

在 2008 年，卡莉·罗杰斯又成为新闻头条，她因涉嫌藏匿可卡因及枪支而被逮捕。如今已有两个孩子的她当初幸运中奖时，立刻做整形手术，毫不避讳地把照片张贴在网络上，并与小她一岁、前科累累的罪犯男友交往，二人时常在夜店外大吵，分分合合至今，期间她还曾经自杀过几次。结果是她用短短几年便把彩金挥霍一空，如今带着两个孩子投靠了母亲。卡莉·罗杰斯的年轻岁月，看似是幸运之神降临，但其对金钱态度的偏差却让厄运接踵而至。

正确的金钱价值观，这是学校不可能教导的一门课。然而，家庭本身就是一个大教室，父母责无旁贷，绝对要有方法、有技巧地让孩子从生活中学习这门必要的课程！

家庭教育是孩子的启蒙教育，家庭教育决定子女的未来，这就是身为父母的“投资”。孩子们在父母身边最少有十多年，这么漫长的时光，除了待在学校学一大堆道理和学问，其实父母还可以教育小孩做一件更有意义的事：及早了解财务，也就是投资自己。

“理财教育”就是一种“生存教育”，儿童应从6岁开始接受经济意识教育，比如可以开始认识币值、学会用钱买简单的用品，父母还可制订各成长阶段的教育计划，如果孩子可以逐渐具有经济独立的观念，学会自我谋生，并且奠下终身拥有独立面对与解决问题的能力，那么，我们是不是对孩子的未来更放心呢？

对所有有了孩子的家庭来说，已经成为了父母的你们所面临的最重大的人生问题，就是如何教育、培养孩子有美好的未来。儿童教育中还包含经由实际的理财教育，使孩子了解商品交易与社会行为，培养孩子参与的感觉和竞争意识，打破从前传统观念对理财教育的束缚，为他们将来进入社会做好准备。然而我们不难发现，一个人形成什么样的素质跟他所处的环境息息相关。如果你们的孩子处在一种朝不保夕的贫困状态下，相信他也很难能养成多么高尚的品质，为了生存，为了躲避和反击一些可能遭遇到的不公平，他很有可能走向极端，更谈不上对社会有所贡献了。

有钱不一定代表成功，但可以解决生活上的许多问题，是比较靠近幸福人生的一种选择。

曾经有经济学家做过这样一个社会调查，内容是让一些不同年龄阶段的孩子，主要是从 6 岁到 17 岁的未成年人回答一个问题：**有钱和没钱的区别**。

这些尚未成年的孩子们的回答大致如下：

6 岁孩子回答：有了钱你可以买到想吃的棒棒糖，没有钱你就只能看着别人吃而干流口水。

10 岁孩子回答：有了钱可以买房子，建立一个幸福的家庭；没有钱，没有自己的房间，爸爸妈妈一定会每天吵架。

17 岁孩子回答：有了钱可以买到地位，世人会因你的地位而产生尊重感，没有钱就没有一定的地位，很难得到别人的尊重。

金钱在不同年纪的孩子身上有不一样的体会，但不能忽略它可以带来的良善功用。有种观念是：金钱被视为“万恶之源”，是权力的亲戚，是可以用来掌控他人的工具。因此，很多父母都不愿意当着孩子的面讨论钱，认为那样会让孩子变庸俗。然而，每一种工具的好坏作用完全是看使用者的想法与观念而定，包括金钱在内。就像时事评论者沃尔特·温彻尔（Walter Winchell）所说：“**金钱有时候会把笨蛋变成重要人物，有时候也会把重要人物变成笨蛋**。”拥有正确的金钱观念，才会有好的运用效益。现今的世界瞬息万变，我们已经承担不起无知所导致的后果，孩子也是一样。

不可否认，物质和经济永远都是生活的基础。若这些基础性的东西得不到某种保障，所有的理想和愿望都将成为一纸空谈。相信所有家长都希望自己的孩子生活无忧，无

金钱有时候会把笨蛋
变成重要人物，有时候也
会把重要人物变成笨蛋。

论每个人诠释的幸福基础是什么，都当然包括了物质在内，千万不要认为这很俗气，这是现实的一部分。你可以期许自己想要把孩子培养成为律师、教授，或者是明星，这都是目标，但是要把孩子培养成有钱人，我必须说这是一种不简单的技能，一种基础性的教育，这将是你帮助孩子完成他的目标和梦想过程中最重要的推进器。那么，究竟如何才能把孩子培养成为一个有钱人，一个了解钱、会赚钱、会花钱的人？究竟如何才能给孩子一个富裕的人生呢？请进入本书寻找你想要的答案吧。

目　录

第一章

理财是教出来的

第一节　钱从哪里来？用来做什么？

当我的女儿3岁半的时候，一个周末我带着她和儿子与父母聚餐，母亲含笑逗弄小孙女："过来，塞丽娜，这一颗糖果卖给你，不是送给你，是你得要向我买哟！"我的女儿愣了一下，想一想，便摇摇摆摆地跑到我身边，从我的西装口袋里掏出几个闪亮亮的硬币，摊开小手说："奶奶，一个换一颗糖，我要三颗。"她的行为逗得我们又是惊讶，又是哈哈大笑。

在3~6岁阶段的儿童眼中，钱的来源就是他们眼中所看到的。所以在这个阶段，家长对孩子的理财教育应着重在以下几个方面：

一、硬币与纸币长什么样？一元钱和十元、二十元、一百元有什么不同？

二、钱可以用来做什么？

三、为什么要学会交换？

四、钱为什么不是伸手平白得来的？

五、什么时候会用到钱？

六、为什么买东西要给钱？又应该找多少钱？

我们先谈儿童理财的第一个概念，就是让孩子知道金钱的价值和钱能用来做什么。

所有的孩子在很小的时候都分不清楚一元和百元纸币的不同，父母可以试着用五张1元的纸币换他手中的5元纸币，或由孩子先选择喜好的纸币，再用50元、20元、10元、5元不等的纸币兑换同等价值的，然后再慢慢让他们意识到买东西需要给对方不同面额的钱，由此也会让孩子开始了解找钱或钱不够用等观念。

我的儿女上一年级之前，我的太太艾玛常带着他们一起逛超市。去超市前，艾玛一定会要求他们搜集特价商品的折价单（教育他们要有低成本的观念），到超市后再依照自己的资料指出哪些是特价商品。

例如在蔬果冷藏区里。“保罗，你去找今天的柑橘特价是多少？”

“塞丽娜，你去找找看有没有比哥哥找的更便宜的。”

然后，去收银台结账时，艾玛会要求他们：“孩子们，把这些钱数好后，拿给这位女士。并且记得说谢谢。”

即使在开车回家途中，艾玛仍不忘机会教育。“你们我们先谈儿童理财的第一个概念，就是让孩子知道金钱的价值和钱能用来做什么。

看，很多人在超市里工作，他们全都是员工，每一位顾客来买东西后付了钱，员工才会有工资，他们家里的人才有钱买需要的东西，就像我和爸爸一样。”

“那么，为什么要比较价钱？我们选便宜的东西，他们拿到的钱岂不是变少了？”保罗问妈妈。

“问的好，因为超市偶尔价钱调低一点儿，通常会得到两种结果，第一是可以吸引更多的人买，第二是可以帮我们省钱。儿子，你知道‘省’的意思吗？”

“不很清楚。”

“那么以柑橘为例，你能算出若是没有买特价品，我们必须多付多少钱吗？”

“每公斤多 1 元，我们必须多付 3 元钱。”

“那么，塞丽娜，3 元钱还可以再买多少东西呢？”

她似懂非懂地回答：“嗯——可以买一包我最喜欢的 Jelly Beans 糖豆。”

“答对了！”

“那么，你知道怎么样可以赚到钱吗？”

“我来告诉妹妹！”保罗得意地抢话，“爸爸每天出门去，就是要去工作，才能赚到钱，他赚到了钱，就可以买东西给我们大家。”

“太好了，你们通通答对了！”

第二个3～6岁儿童的理财概念，是让孩子学习使用小额零钱，关键不在于让孩子可以支配多少钱，而是让他们懂得自己分配和使用钱，在有限的钱数中选择该挑的东西。

艾玛开始让孩子们学习独立使用钱时，大约是在两个孩子都开始上学后，她每天都会将午餐钱和零用钱放在门口鞋柜上。

“保罗和塞丽娜，这是今天的午餐钱和这个礼拜的零用钱。”

“谢谢妈咪。”

“对了，保罗，我昨天忘了买柳橙汁，可是今天又没空去买，你能不能在回家途中顺便买一瓶？”

“买柳橙汁的钱呢？”

艾玛故意双手一摊，显示空空如也的零钱包。“很抱歉，妈咪只剩下可以搭公交车的零钱，现在我得准备上班赚钱了，要不要买你自己做决定吧！”

结果那天下班回到家，我发现冰箱里多了两瓶柳橙汁。

在晚餐当中，我故意问太太："今天的果汁喝起来特别美味，是你买的？"

保罗得意地说："是我挑选的，爸爸，我用自己的零用钱买的。"

我微微一笑问："哦，你不是打算用所有的零用钱买Rookie Card（职棒新人卡）吗？"

他耸一下肩，"是啊！但是我考虑了一天，最后还是决定挪一些钱买柳橙汁。"

"不觉得可惜吗？"

"不，一点儿也不。"

"哦，为什么？"

他咧着嘴笑，"因为买Rookie Card只有我一人独享，但买了果汁可以给大家一起分享。"

"儿子，"我和太太忍不住各亲了他脸颊一下，"我们真以你为荣。"

第二节　天下没有白吃的午餐

理财，是现代才有的名词，但很多观念可是很早就有的。比如，“给他鱼吃，不如亲自示范如何钓鱼。”这是从古至今都一样强调的传统理财观念。

记得我小时候，家里每天早上都会有这样的一幕——父亲与我们一起吃完麦片后，穿上西装外套，拿起公文包准备出门前，会与母亲和我们一一吻别。仍留在餐桌上的我好几次天真地问：“爸爸要出去做什么呀?”妈妈总是回答：“爸爸要去上班赚钱啊！赚到钱才能够买到我们需要的东西，很辛苦哦。”一个看似很平凡的家庭早晨，一段平常的对话，却有一种家庭教育的元素蕴含其中，就是告诉孩子赚钱是一件很不容易的事情。对于一个懵懵懂懂的孩子而言，如果家长没有从小将赚钱不易的观念灌输给子女，他们就会以为任何东西都是理所当然的，当然也就不会知道赚钱的辛苦，要珍惜得来不易的金钱，更加不会明白合理运用金钱的重要性，长大后极可能有浪费成瘾、挥霍无度的习惯，就算父母留给他们再多的钱，迟早也会坐吃山空。

曾有一位儿童教育心理学家做过一个实验，一名三年级的小女孩是家里唯一的孩子，父亲是一位经常在外奔波的生意人，母亲是名作家，她的生活条件本来就比一般人优渥，向来要什么就有什么。母亲原本觉得孩子不重视钱是一种优点，但通过一次偶然的机会，却发现令人吃惊的结果，她的小孩居然不把钱当钱看！原因是这位小女孩就读的学校举行手工艺展，优胜者可以按照名次分别获得50元、20元、10元和5元的奖金。所有小朋友都兴奋地铆起劲来准备，可是当这位母亲告诉自己的孩子要努力参加时，她却一脸不在乎地说："何必这么浪费时间！"

母亲不解地问："为什么？"

小女孩撇嘴说："就算拿到了第一名，奖金也只不过50元，等于我一个礼拜的零用钱而已，如果我想要钱，跟爸爸妈妈要就好了。"

孩子的不屑行为让母亲听得胆颤心惊，她愈想愈是害怕，担心自己的孩子会成为芭莉丝·希尔顿①的翻版，便赶紧私下向儿童心理学家求助，并按照心理学家的建议，重新调整教育孩子的方式，包括：

一、重新拟定零用钱的金额。

二、与孩子共同讨论"给多少"及"何时给"。

---

① Paris Whitney Hilton，祖父是著名的希尔顿酒店集团现任主席巴伦·希尔顿，出身豪门，是好莱坞时尚圈名媛，以时尚豪奢著称。

三、给零用钱之前，先与孩子共同讨论未来一周的用钱方式。

四、若想要获得多余的零用钱就必须先付出相应的劳动，例如制定“拖地5元，洗自己的衣服5元，收拾房间10元，帮父母捶背10元”等类似的劳动和相应价钱。

五、除了生活必需品外，其他想买的东西如玩具、衣服、电玩等等都得由自己负责付账。

刚一开始小女孩极不适应，不时展现叛逆和生气行为，但在母亲的坚持下，她不得不渐渐屈服。时间一久，眼见母亲毫无可商量的余地，她竟也习惯了新的模式。为了可以和朋友一起出去逛街、看电影，她必须多做一些家事，后来还很有创意地增加了一些工作项目，来创造更多赚钱的机会。

经过这一个改变，这位小女孩不仅爱上了母亲制定的赚钱规则，人居然也变得勤快了，对很多事情都重新拾起兴趣。在女儿的作文中，母亲惊喜地发现了她的改变：“我开始觉得钱真是一个好东西，用自己赚来的钱为自己买东西更是有意思。虽然赚钱的过程很辛苦，但同时也是美妙的。我喜欢这样的感觉，将来等我长大了，我一定要努力赚更多的钱。”

有一年复活节后，我居住的小区连同邻近几个小区举办过一个活动，引起当地很大的反响。这是一个“温馨小报童”活动，对象是9～12岁的在校孩子，他们必须每天早上到报社的发行部门先行报到，就像是员工上班打卡一样，然后每人领一份定额的报纸，到一些小区送报，还必须遵守准时的规定。活动开始的第一天，所有小朋友个个兴致勃勃、生龙活虎，把任务当作参加夏令营一样。可是到了第三天，开始陆续有小朋友迟到、请假和延误送报时间及送错地方的情况出现。

报社发行部主任召集这些小朋友开了一个会，主任首先让这些孩子们报告自己这两三天的工作体验，大部分小朋友抱怨工作太累、天气冷又得早起、跑的地方太多等等。等到听完所有话语，主任播放了去年的小朋友们如何克服困难坚持送报的影片，接着片中出现了小朋友们的家人、学校老师的加油鼓励，再加上一些企业成功人士描述自己如何从送报生做起，努力打拼事业的故事。最后，发行主任感性地跟大家分享道：“在这个世界上，最难也最有成就感的事就是凭自己的努力赚到钱，通过自己的劳动付出，运用自己的毅力、才智、人际关系或者体力劳动换取金钱都是难得的经验。”

在结束之前，主任为了鼓励大家，自掏腰包送给每一位小朋友 1/3 天的工资作为鼓励，并表示接下来的时间会按照大家送报的数量、质量酌情予以奖励补贴。于是在整个活动结束之前，所有的孩子果然卖力送报，更发挥创意地运用自己的人脉网，找到更多同学或朋友帮忙，不仅能够在规定时间完成任务，大家还分享到更多的奖金。活动结束后，很多家长忍不住打电话到报社表达感激之意，他们没想到自己的孩子变化竟如此巨大。

孩子到七八岁时期，不少父母便开始用金钱来奖励孩子的一些劳动和帮助，让孩子开始知道赚钱不易，懂得金钱的来源就是工作和劳动，想要拥有钱就必须得付出相应的脑力或者体力劳动，这是树立劳动换取金钱的观念的第一步。不言可喻，这对于孩子珍惜金钱的价值观的形成是非常重要的。父母们要想一个方法，或是提供一个环境，让孩子从小就能接触“劳动报酬率”的观念。

第三节　再穷也不能穷孩子?

如果问，什么管教方法会导致你的孩子走上“不幸的人生”？答案就是：放任他们为所欲为！许多爱孩子的父母以为给子女想要的东西就是爱，但，这样的想法和做法正确吗？

家庭是每一个孩子出生后最先接触到的社会环境，也是对孩子的人生观、价值观影响最早、影响时间最长的环境。在孩子个性形成的关键时期，也就是孩子最具可塑性的时候，他们绝大多数的时间都是在家中度过的，因而家庭环境对于孩子的发展具有特别重要的意义。在亚洲，有钱的父母一定不会让孩子受穷，他们养成了要什么有什么的物质和金钱享受习惯，以至于“小皇帝”、“小公主”比比皆是，长大了就成为近年流行的——“二世祖”、“尼特族”①、“败家子”和“啃老族”。在这点上，欧美国家有一些做法颇值得亚洲父母们借鉴。亚洲父母对孩子的期待，由他们始终坚守的一个观念可知：**“再穷也不能穷孩子”**，而我的父母坚持**“再富也不能富孩子”**的标准，他们意识到了让孩子拥有一种靠自己独立的优越感，这对孩子的成长是意义非凡的。他们通常只给我极少的零用钱，并鼓励我去打工挣

① NEET，主要指不升学、不工作、不进修，终日无所事事的族群。

钱，让我明白有价值的财富要靠自身的努力去积累，积累金钱的过程又比财富本身更有价值。到现在我仍记得小时候我那平易近人的父亲对子女的影响，始终不着痕迹地烙印在我的回忆里——上学途中与我聊天，坚持让我在学校与同学一起用餐，带我去他的工作场所观摩，晚餐时与我聊工作的趣事，至今让我难忘。

但现代人生育较晚，尤其是许多小宝贝在父母已过中年、事业有成后才出生，这样的子女往往过着一般人无法想象的优渥生活，但对于懵懂无知的小孩，这样的教育方式无异于是帮助他们慢慢迈向不幸的人生。

今天倡导所谓的“理财品德教育”就是指建立小朋友对财富的正确观念，例如克制欲望。孩子的成长往往是依赖及模仿父母的模式，但很多时候，父母们对钱的概念并不正确也不完善。一位经济学家曾找了一百位小朋友进行一项金钱的问卷调查，大部分的孩子对钱竟毫无概念！当被问到“钱从哪里来?”有的孩子认为，父母的钱是从天上掉下来的，要多少就有多少；也有的孩子说，买一双Nike运动鞋才一百多块美元，很便宜啊；另有少数的孩子回答，一支小小的圆珠笔就要一块钱，太贵了，我谁都不

我的父母坚持“再富
也不能富孩子”的标准。

愿意借！

通过这样的对话，我们不难想象，这些孩子们对钱的概念完全有偏差，他们或者以为提款机里的钱是任谁都可以提取的，花钱可以毫不顾忌，又或者视财如命，一分一毫都不愿意与别人分享。不管是哪一种类型，都是令人担忧的。现在的孩子大多数是父母的宝贝，孩子手中通常有一些可以自由支配的零用钱，怎样教育孩子树立正确的金钱观，是父母们急需关心面对的问题。但是要怎么做呢？

在经济学上，所谓的金钱观要包括“对钱的认识”及“支配”两部分。一位银行家曾提出自己的建议：家长们应该在孩子3岁到6岁期间和孩子共同玩金钱的认识游戏，让孩子从小就认识钱币，了解钱的作用，知道钱是怎么得来的，待孩子有了正确的认知观念，再帮助他树立健康的金钱观。例如若你的孩子认为买一双 Nike 运动鞋一百多块很便宜，那么他长大后也不会有自力更生的强烈欲望；而那个觉得一块钱的圆珠笔很贵，舍不得借给别人的孩子，则是把金钱看得太重的典型，这样的孩子长大后往往唯利是图，最终成为金钱的奴隶，即便成为富豪，也不懂如何合理地让金钱为己所用。

专家们建议，培养孩子正确金钱观的最好方法就是让你的孩子从小就接触钱的知识。首先，父母可以尝试帮助孩子建立自己的“小金库”，让他们拥有一点儿可自由支配的钱，并教育孩子通过符号、图画等方法来记录自己的日常收支情况，引导他们多动脑筋，学习如何合理支配自己的零用钱。

另外，我的做法还包括，让孩子在管理自己的零用钱的同时，可以适当地让孩子参与家庭的日常收支计划，和父母一起记录家庭生活的收入和支出，并就此进行讨论。不要以为这是大人的事情，让孩子参与有助于他们增加同理心，也能够进行机会教育，使孩子进一步了解何谓赚钱，以及物质消费的实质。接着，父母要亲身为孩子树立榜样，教给孩子正确的金钱观，包括不要乱花钱，多对孩子强调“延迟消费”的好处，避免使花钱成为习惯，这样手上一旦有了钱，就容易守不住了。让孩子体会储蓄第一笔投资的资金是很吃力的，但逐渐地，金额便会像滚雪球般慢慢累积。当然我也会提醒孩子不可以过于斤斤计较，适度的花费、有用的支出仍是必要的。

给孩子金钱，不如灌输他们观念，教育他们金钱是由付出的脑力和劳动得来的。父母要懂得利用一些简单的方法，例如讲故事、看影片，让孩子懂得尊重智慧和劳动带来的报酬，而不是一味地满足他们伸手即得的“需求”。

第四节　培养孩子正确的金钱观

我的儿子保罗一回来就告诉我学校发生的事，他的同学在随堂考之前在教室公然撒一块钱纸票，让同学疯狂地捡，目的是为了让同学代写作业及考试作弊，而这种事在上学期就已发生过好几次了，当初只是给钱请同学代写作业。至今给钱的同学食髓知味，以为用钱就可以解决事情。我想起一位亲戚的孩子也曾在求学阶段遭遇过类似的事情，当时他就读三年级，班上同学拿一块钱给他，要他去福利社跑腿买东西，幸而这位亲戚平日教导小孩子的方式极有一套，他的小孩严正拒绝了，现在小孩念大学了，只要一到寒暑假就会利用空暇时间在小区打工赚钱，而那位要求别人跑腿的孩子到现在仍是赖在家里的“王老五”。

记得曾经阅读过一篇文章，内容描述家长将小孩送到贫困国家过夏令营之类的活动，实际上是让这些不知人间疾苦的孩子去了解世界上的许多角落有太多需要帮助的人，在这趟旅程中，原本有挥霍习惯的孩子们会去思考并改变自己的想法。这些父母的最初动机是花大钱让小孩去体验不一样的人生，比起在未来坐等家产，或没有节制地用钱，他们认为这样的投资更有效益。可不是吗？尽管我们周遭也有弱势贫穷家庭，但是我们并不常接触到。而若有机会让孩子接触到这样的家庭，并了解其生活状况，就是给孩子的一次生活教育。

成长阶段养成的花钱方式绝对会影响到日后的价值观，我在留学期间曾遇过各式各样的留学生：有的即便工作赚钱了，但父母还是一样会给零用钱，这样的孩子会养成赚的钱是自己个人拥有的观念，不懂得分享；也有认为出钱就是老大心态的留学生，认为既然付了管理费给学校，校工帮忙打扫厨房和厕所是理所当然的，所以煮完东西、用完厕所也不会顺手清理自己留下来的脏乱，试问这是不是价值观的偏差？

记得大概是在 2001 年，美国当时即统计有 12 万介于 18 岁到 25 岁的年轻人已经宣告破产。为什么会有如此可怕的数据？这就是理财教育与金钱价值观的偏差带来的结果。

目前社会上大多是双薪家庭，这些家庭多数只有一两个孩子，父母很自然地就会想将最好的用品、食物买给他们，让子女予取予求。一位美国的财务顾问苏珊娜·斯图尔特（Susanna Stuart）提到美国每户人家的平均支出已经超过了每户的平均收入，很多其他国家的家庭也面临着一样的问题吧。

很多家长知道要教导小孩学会省钱、记账等等来开源节流，养成储蓄的习惯，但是却没有办法付诸实行，最根本的是需要父母从自身做起，长期示范给子女看，他们就会跟着学习。以前我们常说言教不如身教，这是很有道理的。

正确的金钱价值观是“养成的”，不是“天生的”，换句话说，是需要慢慢进行观念培养的。以下的几条是我总是找机会灌输给保罗和塞丽娜的观念：

一、避免让孩子感觉“金钱可以买到任何服务”，不要让孩子有“花钱的人最大，只要我有钱，服务就来”的价值观，也就是建立买卖正确的核心价值。

二、买任何东西前，先想清楚“想要”还是“需要”，

是否掺杂了对品牌的迷恋。

三、固定零用钱的给付，并向孩子说明为何不多给零用钱，建立孩子对钱的认识，以及要求孩子自己存零用钱买想要的玩具，避免有予取予求的想法。有些家长会通过做家务给零用钱，是让孩子们了解钱是要花体力、脑力去获得的，在这样的教育下，不劳而获的观念比较不会产生。

四、奖惩孩子避免单纯以金钱、礼物来打发，可用口头赞美或关心双管齐下。若用金钱或礼物作为奖励的工具，将会养成孩子容易物质化的坏习惯。怎么说呢？我曾与一位朋友聊天时，他不经意地提起以前大学一毕业，父亲就已经准备好一辆轿车作为奖励。这位朋友轻描淡写地说："反正我也买不起，父亲要送我一辆车，为何不接受？"但是换个角度想，念书毕业本来就是天经地义的事，连这种必经之事都有父母送大礼作为奖赏，若在职场上遇到挫败，或被上司指责，他是否能做到不患得患失呢？

五、轻松和孩子谈家中的经济问题。当家长有财务困难或遇上经济低潮时，大多数父母会下意识不让子女知道，或避重就轻不愿多做解释。认为成人世界的辛苦，不该破坏儿童的快乐童年。其实可以换个方式，用孩子能接受的言语来告诉他们。例如有一位母亲直接带着女儿上市场买菜，让女

儿用仅有的钱买菜，在挑选过程中女儿才赫然发现家里居然连牛排肉都买不起，以前嫌菜不好吃就不吃的孩子们，现在反而懂得珍惜了。

当家庭有财务困难时，做父母的一定要向孩子们坦承一切，并告诉他们从此之后家里的钱可能不够用，一项项列出哪些是必需品，哪些非必要品。借着一项一项探究其原因，其实不只可以让孩子们了解到哪些原因会造成透支，父母也可以趁机教育小孩做到物有所值、物尽其用。碰到非必要品时，也可以让小孩去思考，我真的需要这个东西吗？是否应该共体时艰？久而久之，家庭的每一位成员就懂得自己衡量所谓的需要了。

辛苦持家的父母已是极为辛苦，但委婉地教导小孩“顺”与“逆”其实是一种必要的做法。经济不好并非永久，如果大家能够一起度过，维持一个美满和谐的家庭，只要父母的收入足以支撑家里的基本开销，而且没有掺杂太多的物质欲念，那么家中的每一个人其实都是真正富有的人。相反地，即便日进斗金，却挥霍不知珍惜，不曾想过天有不测风云，始终觉得花钱是理所当然的行为，这样不但培育不出孩子的好观念，反而种下了未来可能贫穷的种子！

从小灌输给孩子金钱观念的重要性，不只是影响孩子对金钱的使用和价值观，还会连带影响到整个生活模式。父母从以身作则做起，小孩从小耳濡目染也会跟着学习，但前提是父母也要懂得“钱的观念”！

第二章
教会孩子看贫富世界

望子成富　Money-Talk with Kids

第一节　有钱人和穷人的观察

在孩子眼中，究竟什么样的人才算是有钱人呢？在英国，当你带着孩子特意去标榜便宜的ASDA超市购物，排队结账时，远远看到一对提着大包小包Marks & Spencer（M&S）的父子，或许会联想到他们是家境不错的富裕人家，然而在M&S买葡萄酒和鱼子酱的父亲也许并不觉得自己足够富有，他每天还是设法让自己可以拥有更多的财产，因为他眼中看到的都是一些比自己更富有的人。那么，衡量有钱人有没有什么标准呢？要如何正确告诉你的孩子富有的定义呢？

一位父亲和他的儿子站在天桥上看着路上熙熙攘攘的人来车往，讨论着有钱和贫穷的话题。

儿子指着一个穿着笔挺西装的人，问爸爸："爸爸，那个人是有钱人吗？"

父亲说："区分有钱人和穷人的标准可不是一套西装那么简单。"

"那是什么？"

"嗯，一种感觉。"

“什么感觉?”

“这样说吧，有钱人和穷人在生活各方面都有本质的区别。首先从自我认知来说，有钱人骨子里深信自己不是为了当一名平庸之辈而出生的，他们确信自己可以过有质量的生活，因此在财富上努力经营，他们拥有着强烈的赚钱欲望和赚钱意识，可以说这是他们基因里本身固有的东西。有钱人会想尽一切办法使自己变得更富有；而穷人则因为忙于赚每天的生活费，很少能想到如何去赚更多的钱，他们认定自己出生时是什么样的状态，就应该这样本本分分地过一辈子，不相信有改变命运的可能性。”

父亲看着儿子迷惑的眼神，接着说：“从积极性来说，有钱人总是能把握一切时机经营自我提升的可能。即使在外与朋友聊天或下班后也不会忘了随身携带合约，他总会随时随地发掘可以赚钱的商机，不放弃各种机会；而穷人经常的消遣往往是待在家里看电视，享受最便宜的娱乐时光，他们容易为肥皂剧的剧情感动得流泪，还会模仿偶像剧的时尚打扮及生活状态，沉溺于想象的感情世界中，追求浪漫生活。从交际圈子方面来说，有钱人会刻意结交对自己有帮助，能提升自己地位或是能扩大交际范围的朋友，他们交朋友不会纯粹依照自己的个人喜好，在利益面前，自己的喜好完全可以被忽略；而穷人就不一样了，穷人喜欢认识和自己相同际遇的朋友，更会刻意接近比自己悲惨的人，因为同一个圈子里的人相处比较轻松，不太愿意走出自己的舒适圈（comfortzone）[①]。同时，有时候穷人的观念可能比一般人固执，自尊心也或许比较强，可能因此阻却了别人的协助。这或许会导致自卑心作祟，怕被别人看不起，于是容易过分自我保护，产生与有钱人往来的拒斥感，久而久之，心态和思维与心中曾经闪过的理想愿景渐行渐远，最后真正成为了平凡人的思维，几乎每天都局限在如何选择最便宜的商品中，彼此交流着节约的小技巧，虽然有利于训练生存能力，但眼界也就渐渐拘囿于这样的琐事中，将自己原有的雄心壮志都给消磨掉了，实在非常可惜。”

儿子点了点头，说：“他们在各方面都完全不相同，只是有钱人好像更加懂得利用时间和机会赚钱。”

“是的，孩子，不仅如此，他们做任何事情的目标还都

---

① 一个人长期熟悉的生活圈子。若长期让自己处在自在的“舒适圈”，就有可能局限自己的进步与潜力发展。

有很大区别呢。在面对新事物时，有钱人将重点放在如何得知最新信息、市场分析和投资报酬上，因为他们的思维必须放在更大的格局中，要清楚奋斗的方向，并统合那些更有才能的专家人才为自己努力；而穷人或许比较倾向于注重学习个人技能、手工艺、厨艺等个人实际性的东西，他们将学习定义为学习生存技能。如果从一开始就把自己培养成为生活而工作的人，或是某一种专业的工匠，虽然这也没有什么不好，可是就会比较容易受限于‘经济规模’的差异，获得的财富或许就相对少些。而在时间运用方面，富裕人士会清楚地算出时间成本，他们亦懂得忍耐，用时间的累积来换取最后的成功，即便把时间花在玩乐方面，他们也把‘玩’当作是一种工作方式，绝对是有目的性的。例如有钱人花时间打高尔夫球，除了达到运动目的，更有利于人际关系的拓展；而穷人的休闲时光往往是纯粹放松身心，并不带有其他目的。简单来说，两者的差别并没有对错，可是对经营财富的效果却有了不同。”

“还有吗?”

“当然，还有很多。再从人生定位方面来说吧。几乎有钱人都有一种倾向，就是喜欢把自己定位为领导者（leader)，要别人遵守他们制定的一些规章制度、规矩、口号等等。比如企业的领导人，他们一方面灌输给众人业绩就是成绩，可以换取更多的钱，可以使生活向上的理念，但另一方面，他们却从来没有停止过征募人才，培养更多的新人，以便随时更新他的团队。而穷人较习惯于把自己定位成听从者（follower)，或为了赚钱而听从发薪者的命令和安排，无条件接受规章制度。因为现实生活的压迫，穷人往往缺少安全感，迫切希望自己从属并依赖于某一个组织团体，于是他们以这个团体的标准为自己的标准，让自己的一切合乎规范，为团体的利益而工作。对他们来说，能在一个企业里稳定地工作几十年，由实习生随着年资逐渐升迁到高级主管，最后拿到可观的退休金，那就是一辈子的最高理想了。”

我跟保罗述说这对父子的对话，他听得津津有味。我想让他知道，生活习惯、思考方式，还有心中的愿景，都是让人成功或平凡的原因所在。而这对父子的故事还没说完呢。

第二节 好观念改变贫富

原本站在天桥上的父子散步到人行道上，父亲停下脚步望着一家餐厅说："在处理投资以及对待财富的观念上，积极理财的人出发点往往都是'万本万利'。"

"爸爸，您说的是什么意思呀?"

"这样好了，我举眼前这家餐厅当作例子解释给你听。若一家餐厅所需的资本只有1万美元，那么，如果一个有钱人有1000万资金，他就会考虑，如果要开1000家餐厅，不仅要菜肴好吃，装潢精美，还得要每家都妥善管理，作为老板哪有时间亲自管理那么多餐厅啊?所以他换个想法，也许在市中心选择交通便利之处投资一间高级健身房，就足以消化全部资本，哪怕收益率只有15%，一年下来也有150万利润啊。而一个穷人的经典观念就是'少用就等于多赚'，我也拿开餐厅来当例子，开一家餐馆若仅投资1万，收益率是100%，一年就可以净赚1万，对穷人来说已经很不错了，剩下的钱放在口袋里总会安心一点儿。就像这样，穷人即使有钱，也舍不得拿出来冒险投资。所以穷人最津津乐道的就是'少开源多节流'，用时间换取金钱，就像鸡生蛋、蛋生鸡，一本万利，但是在一只母鸡身上能产生的效益实在是太有限了。这样说，你明白吗，孩子?"

"好像明白，爸爸。看来，我还有得学呢。"

“没什么难的，孩子，只要你有热情。”

“热情？”

“对，是的，是热情。一个人能不能成就自己的梦想，首先要看他有没有热情。不管是有钱人还是穷人，若他总是对生活充满着热情，用自己的能力承担一定的风险去换取可观的利益，‘勇于尝试’本身就能让他们充满热情。热情是一种能量，是生命力的象征，有了热情，灵感的火花就容易伴随而至，在人际关系中也能具有强烈的感染力，也才有解决问题的冲劲和方法。”

父亲拍拍儿子的肩，笑了一笑，“当然穷人也有热情，也许更多，即便他们习惯于按部就班地赚钱生活，并不代表他们失去了热情。因为一个人若没了热情也就无法让自己喜爱生命，更不可能全心全意地投入到工作当中，虽然大部分穷人倾向于把热情消耗在具体的事情上，比如说上司的表扬、同事的称赞、卖场的折扣消息、电视剧里主角们的破镜重圆等等。”

“我觉得你说的跟莎拉阿姨好像。”

“莎拉阿姨和我们一样，都不是有钱人，但是她现在正过着富人般的生活。记得她大学毕业后，因为环境所逼，虽然顺利考取银行职员，可是她并不快乐。每当她不开心时，她就往画廊跑，因为她喜欢看画，更喜欢画画，而当时学画被视为奢侈的高级消费，而且也被认为很难谋生。每当她在画廊看到自己喜欢的画作时，心中就盘算着自己还要上多少天班才可以把所爱的带回家，实现学画的梦想。月初发薪日是她最高兴的时候，因为她知道自己又和目标拉近了一步。”

“后来呢?”

“日子一天一天地过着，这位当年不快乐的银行小职员，一做就做了将近二十年，从小办事员一路升到经理。虽然后来始终没有学画，但是她手中搜集的名画愈来愈多。每当工作烦闷、不顺心时，她最爱将自己关在书房里，把收藏拿出来，一件一件地欣赏着，就像在抚摸着宠物一样，同时更告诉自己要努力下去，隔天又带着笑容上班，因为她知道只要认真工作一天就有一天的薪水，她更计划着退休后就要从事艺术鉴定的工作，将兴趣与工作结合在一起。”

“二十年……好长的时间……”

“也许吧，但是记住，工作的唯一目的不是赚钱，理财如果我特别大方，给你们很多钱，那你们可能只记得我的钱，记不住我这个人。

也切忌只将钱摆在第一位，这样会忽视很多更珍贵的事物，包括感情在内。毕竟钱不是真的万能。钢铁大王卡内基说过：‘我给儿子留下万能的美元，无异于给他留下一个诅咒。’他还对孩子说：‘金钱不能换来感情。’他说：‘**如果我特别大方，给你们很多钱，那你们可能只记得我的钱，记不住我这个人**。如果我特别小气，可能也得不到你们对我的感情，所以我宁可多花些时间关心你们，培养彼此之间的感情。’卡内基要强调的是，金钱的重要性不该凌驾在感情与关爱之上。可见，内心的感情，也包括热情在内，绝对是心灵上区别有钱人和穷人的关键所在。对工作若缺乏干劲与热情，且只以换取金钱报酬为目的，这种负面的观念，对任何人都是致命伤。记住这句话，Do you work for life or live for work? You deserve to work and live with Passion！（你工作是为了生活，还是活着是为了工作？你应该带着激情去工作和生活！）”

“我明白了，那你常常提到的自信心也很重要吗？”

“你很聪明，我的孩子。一个人能不能在人生和事业上取得辉煌的成就，其中很重要的一个因素就是自信心。”

“当然。”儿子习惯性地抠了抠鼻子。

“我跟你说过，孩子，那可是个不好的小动作。”

“哦，没什么，习惯而已。”

“我所说的就是‘习惯’！千万别小看习惯。你知道吗？性格形成习惯，习惯决定成功。从个人习惯思维上来说，有钱人和穷人也有着本质的区别。有一名投资专家说，**有钱人成功的秘诀就是在没有钱的时候，不管有多困难，也不要动用投资和固定积蓄，要相信压力绝对可以使你找到赚钱的新方法，帮你还清账单**。这就是一个好的习惯思维。而不寻找新的突破，只是消耗手上资源的人则完全不一样。我举例子解释：一个有钱人送一头牛给一个穷人，穷人满怀希望地开始为自己的新生活而奋斗。可牛要吃草，人要吃饭，一开始的日子很难熬，于是穷人就把那头牛给卖了，自己大吃一顿之后，用剩下的钱买了几只羊，之后又吃了一只羊，让剩下的羊来生小羊。可小羊迟迟没有生下来，日子又变得艰难了，于是穷人又把这些羊全都给卖了，自己又大吃了一顿，用剩下的钱买了鸡。他想靠鸡生蛋赚钱维生，但是日子并没有他想的那么顺利，最后迫不得已，穷人把鸡也全都杀掉吃了，他的理想也就彻底破灭了。这就是守成者的习惯思维。”

有钱人成功的秘诀就是在没有钱的时候，不管有多困难，也不要动用投资和固定积蓄，要相信压力绝对可以使你找到赚钱的新方法，帮你还清账单。

儿子点了点头，表示接受。

“我明白了，爸爸。”

“在对身边事物的利用方面，有钱人和穷人也有着很大的不同。就拿上网这种很平常的事情来作比较，积极寻找财源的人，上网时会试着寻找投资的商机，他通常不会放过网络上的一切有用信息，还会合理运用网络的快捷方便寻找可行的通路，或宣传自己的商品。相反地，不积极经营自己人生的人则只是上网聊天，没有善用自己的时间与工具来提升自己，如果他对社会、对人生又不断抱怨，只会找些陌生人相互调侃或是隔空较量，或发表匿名文章抱怨社会不公等等，却又不愿意采取有意义的实际行动，就会虚度光阴，浪费大好的生命了。”

“最后我再从消费的观念上来说，很多有钱人喜欢购买名牌衣物，不过他们买名牌可能是为了节省挑选细节的时间，与消费品的售价相比，他们更在乎产品的质量，而名牌也拥有绝佳的信誉度和风格。一般人当然也爱名牌，但是他们买名牌是为了体验高消费的满足感，以提升自己的外表和内心地位。不管是不是适合自己，他们都相信只要是贵的必然就是好的。”

“好像听起来比较富有的人是比较聪明的。”

“呵呵，不是的，这么分析是要告诉你，不能只从刻板的角度看待富有者，认为他们只是炫耀财富而已，他们可能是因为做事较具效率，才能有今天的成绩。”

“我明白了，爸爸，刚才走过去的那位叔叔一定不是有钱人。”

“何以见得？”

“因为他为了买一本杂志，浪费很多时间与店家讨价还价呢！”

父亲呵呵一笑，摸了摸儿子的头。

事实上，衡量“财富有成者”与“一般人”的标准有很多。由上述衡量的标准，我们教导孩子的重点是：钱并非万能，但也绝不代表罪恶，它只是种必需之物，重点在于让孩子们了解个性影响未来，并以努力进取的态度自我提升，以及对于赚取财富抱持正确的态度。

父母也可以对此多加揣摩，并对比一下自己的生活方式，看看有哪些事情和习惯可以做一些变化，给自己一些必要的帮助。包括自问，自己懂得“收”、“放”的艺术吗？会把钱存在银行定存，还是让钱流动？可曾想过为何生活理财不只是培养富翁，更是培养一种正确的人生观及态度。

总是诸事不顺？你的生活重心在哪里？

钱会跟着活泼有想法的人走。想当个富翁，就要树立好习惯与好观念，尤其不要顾虑到处碰壁，否则钱和机会将会不经意地从身边流逝。但是要强调的是，**理财不只是培养富翁，更是培养一种正确的人生观及态度**。这些好观念的传达，都可以放进故事里说给孩子听。

第三节　千万别让子女成为“小贵族”

“别怕别人不知道你的成就和富有，要低调，极度的低调。”这是一定要提醒小孩拥有的谦和态度。

十五年前我还在中学教书时，一天下课后，一位有着棕黑皮肤的外籍男学生阿尔登走近我身边，怯生生地将手机递给我，我正觉得纳闷，手机那一端传来极为正统英国腔的优雅女人的声音：“请问您可以允许我的儿子阿尔登请假3天吗？”

阿尔登是我班上的学生，他一向极为安静。我不禁好奇反问：“你是阿尔登的监护人吗？”

“是的，我就是他的母亲。”

“那么你可以将签好名的请假表格拿给阿尔登，明天转交给我。”

“噢，我很愿意，但是我人不在美国，可以等到明天我请秘书传真给你吗？”

我愣了一下，望着阿尔登，他只是害羞地微笑。

“这样……碍于规定，恐怕我得请你另外再传真一份你的身份证明和一份关系证明才行。对这样的要求我感到很不好意思，也请您理解。”

“噢，不，一点儿也不！这是应该的，很抱歉，我会尽快处理。”

接到请假单已经是隔天的事了，我仔细看着传真纸上的身份栏和署名，才知道他的母亲竟然是美国邻近岛国的财政大臣！要不是我服务的高中校规极为严格，恐怕没有一个人知道阿尔登的母亲竟是如此不凡，显然他们平常行事极为低调，而这个孩子被教育得极为成功。

不知道从什么时候开始出现了一种奇怪的现象，就是一些富豪榜上面所登载的名字，大多数人都觉得相当陌生，也不容易被记者们挖出消息，好似他们都是不存在于这个世界上的。现在的有钱人们开始有着害怕露富的警觉和观念，他们不仅不张扬，反而恨不得能够隐形，或躲起来生活。很多有钱的人之所以不张扬，与一种所谓的仇富心理有关。对于低调的有钱人而言，他们不愿意头顶着富豪的光环生活，更没有人愿意将自己优渥的生活暴露在众目睽睽之下，被人指点觊觎或受到可能的伤害。

如果你是有钱一族，别让孩子带太多的钱到学校，并要灌输孩子财不露白之道。大家对待低调的富人，心底顶多好奇，或喜欢谈论八卦。但如果你是一个有钱又嚣张，喜欢张扬显富的人，别怀疑，肯定有很多人就是看你不顺眼，更要命的是可能会招惹别人算计，以自以为公正的方式来对你进行“处罚”。

最近与我的小侄女聊天时，她告诉我学校最火的话题人物是一位刚转学的女孩莎拉。

“哦，因为她很漂亮？”

“不，虽然她的确很辣！”

“因为她很会穿衣服？”

“不，她家很有钱，的确有很多好看的衣服，”她撅嘴不屑地说，“但是那又怎样？”

“你不能因为她家里有钱就忌妒她呀！”

“我们不是忌妒她有钱，讨厌她的原因是她太骄傲啦！”

莎拉有个很不好的习惯，就是爱现。她总会故意晃到别人的位子上聊天，展示新买的包包或是鞋子，还生怕别人没有注意到，硬要周围的人注意到她，称赞她每天的新战利品，就算是穷人家的小孩也不放过。

光是这点“小贵妇行为”，虽然男同学不觉得如何，但莎拉已经让班上的女同学快要抓狂了，于是她们暗地实行冷漠的对应之道，只是她仍视而不见地持续挑战周围人的忍耐力。

我很遗憾，莎拉拥有与众不同的优势，父母却没能教导她不要把优势摆在最高贵的状态。那么，低调的有钱人是如何理财与利用财富的呢？

真正的有钱人选择低调，但也并不表示他们会完全将自己湮没在人群中，默默无闻。对有钱人来说，他们赚钱、拥有财富以及驾驭钱的欲望要比一般的人强烈很多。事实证明，越是富有的人对于用钱滚钱的手法越是高明，他们都想在一个层次上尽量提升自己，进入另一个更高的新层次，他们并不像《守财奴》故事里的葛朗台那样把钱装进木桶里，陪着自己进棺材。他们也会信奉钱是最好用的工具，但是同时能享受财富带来的精神提升感觉与意义。

比如说，多数上一代的有钱人在孩提时候没有机会受教育，所以他们在潜意识里希望自己的子女避免有同样的遗憾，于是特别重视教育投资。他们认为让自己的孩子拥有更多，成就比自己更大，是一件极具挑战意义的事情，也是一种长期的投资，而这种投资的风险更大，收益也更大。所以，他们的金钱会特别着重用在子女教育上。

再者，他们会理解自己的财富是来自社会环境的孕育，所以秉持回馈的心理，他们会关注慈善教育与事业，不管是否为了自己的名誉，这样的富豪都不会在慈善晚会里吝啬捐钱。一般来说，他们表现得较慷慨的原因是希望回馈自己的幸运，更何况，当父母从事这些慈善义举时，无形中给孩子树立了正面的典范，这是最好的身教示范。

要记得替财富披上一件隐形衣，不只是出于“财不露白”的安全顾虑，也是价值观的建立，因为有钱不必炫耀，那是上天希望借助你的手好帮助更多的贫穷者。谦和低调的财富观念，一定也会是父母希望孩子拥有的人生态度。

第四节　黑脚族的观念

曾有一位出身贫穷的友人，奋斗了大半辈子终于得到了一点成就，她教育孩子的经典名言是："你必须一辈子往上爬，千万不要被弱者给牵绊住，更不要与别人分享好不容易得来的成就。记住，有钱有势的人生是大家都想要得到的，只要能有钱、有名、有利，就会获得别人的尊敬！"虽然我不清楚这位友人有过怎样的童年生活，但这样的教育方式，其实是非常不当、扭曲而错乱的。

"保罗，有了东西可以尽量在能力许可的范围内与别人分享，这样的话，你就是心灵最富有的人了。"我总这么跟儿子说。

"爸爸，可是东西都给光了，我就什么都没有了，那会变成穷光蛋的。"保罗这么回答我。我记得这是他 5 岁的时候，我要他将玩具分给亲戚一起玩时他回答我的话。那天晚上，我说了一个故事给保罗听。

"印第安有一个部落叫黑脚族（Blackfoot）。在这个部落的文化里，'赠与'（giveaway）是很重要的观念。这个部落有一个重要的日子称为太阳舞节庆。为了这个一年一度的富有者的定义是：不吝啬地将自己所拥有的，包括想法在内，与所有人分享。

重要节日，黑脚族人会准备一年的时间，不断辛勤工作，然后将所得存起来，好在初夏时举行的太阳舞节庆中端出一大盘食物，分赠给族人享用。在这个部落里，**富有者的定义是：不吝啬地将自己所拥有的，包括想法在内，与所有人分享**。也因为这个做法，让他们可以得到荣誉、尊敬以及爱。”我不确定保罗听进去了多少，但是我真心希望能给予小孩这样的观念。

现代的哲学提过这么一句话：人生最大的财富是什么？答案不是金钱，不是名誉，更不是地位，而是快乐。人之所以想要追求很多东西，想要拥有很多的东西，那都是因为人需要一种满足感，一种成就感，而追求这东西最终的根本目的就是在过程和结果中是否获得了满足、快乐。所以说，人这一辈子只要做一件事就足够了，这件事就是让自己快乐。

“施比受更幸福”，但对很多孩子来说，并无法真正体会这段话的涵义。他们觉得拿在手上的礼物是珍贵与快乐的，但是，他们往往只珍惜一天，也许三天，总之顶多一个礼拜后，礼物就会被遗忘了，甚至不知被放到哪里去，也许偶尔想到时会再拿出来，所以“受”真的很幸福吗？如果很幸福应该永远记得才对啊！怎么会被遗忘呢？

现在的孩子真的比上一代、上上代要幸福许多，想要什么就有什么，再加上每个家庭都生育不多，不是一个就是两个，导致孩子在成长阶段不常有机会体会分享的意义。但是父母如果要让孩子学会快乐，就要教他懂得“给予”、“分享”。

我的一位朋友马克，他们一家人现在都是虔诚的基督徒，但过去的他并不经常上教堂做礼拜，因为他唯一的儿子极为叛逆，已到无可救药的地步。他回忆当时他与太太的关系也濒临决裂，为了儿子的问题，夫妻俩天天相互指责对方不是。他说：“那时的家已经不是一个家了，简直像地狱一样，令人痛苦不堪。”

幸而有热情的教友一直从旁协助，马克与太太终于答应再度返回教堂做礼拜，在牧师和辅导人员的开导下，他们两人渐渐明白了，原来儿子是被他们给宠坏的。马克说，从小只要儿子开口，他们没有不买的，可是当他要求愈来愈多，超过他们夫妻的能力范围时，儿子就不高兴，以发泄情绪来表达不满，两夫妻于是又会想办法满足其需要，但从来没想过教导儿子什么是自制，因而造成他的不知感恩，更不懂付出、珍惜。

于是马克下定决心，三番两次强迫儿子跟他们一起到教堂做礼拜，儿子拗到最后终于答应了。每次做完礼拜后，依惯例都会有人拿着小布袋向教友们募捐奉献。马克说，刚开始儿子对此很反感，觉得好端端地为什么要捐钱，后来儿子被邀请加入青少年团契，慢慢经由相互关怀的同伴了解到自己的物质生活比别人好太多了，他意外地发现，拨出时间参加团契不但没有失去任何东西，反而得到了意料之外的心灵满足。因为同伴们用最实际的方式来达到快乐，就是与同伴们分享自己拥有的幸福。

于是他懂了：幸福，应该是把自己的幸福与别人一起分享，包括口袋里的金钱，从此他也会捐献出自己一日的零用钱。懂得分享后，马克的儿子更感谢父母，也更珍惜父母给予他的一切了。

不单单如此，马克的儿子寒暑假还会与主动约班上同学到偏远地区，跟弱势的小朋友说故事、玩游戏，整个假期一起度过。“以前儿子是及时行乐，现在儿子是及时行善。”马克认为，在懂得付出、给予之后，儿子才算真正长大，了解自己生命的意义所在，同时也认识到不要在意世上不如意的人、事、物，与其咒骂，不如回头看看自己拥有的，所以也就格外地惜福。

有愈来愈多的父母重视孩子的生命与品格教育，因此会亲自带着孩子参与公益活动，希望将爱一代一代地传延下去。如果你还没有带孩子一起参加过公益活动，不如就从现在开始。其实很简单的，不一定非要捐钱不可，可以捐出自己阅读过的书籍、不再玩的玩具给偏远乡镇的弱势学童，再者也可以做一位环保志愿者，这些都是随手可做的公益小事，却可以让孩子的生命与品格得到正面的延伸。

我的学生阿历克斯回忆当他获得第一笔基金的收益时，他说他的爸爸便开始跟他讨论收入的用途，但阿历克斯始终不能理解，当他想买自己需要的东西时，为什么爸爸总会建议："拿出一部分钱去捐助给慈善团体如何？"

"那是我赚来的钱，为什么要捐一部分出去？"

于是爸爸拿出一些剪贴的文章和照片，当阿历克斯看到许多比自己小的贫困儿童在艰苦的环境下念书时，他终于能理解用自己想买 iPod 的费用，就可以帮助许多孩子交一整个学期的学费，在两者之间，阿历克斯毫不犹豫地选择了后者。

世界上最广阔的东西是海洋，比海洋更广阔的是天空，比天空更广阔的是人的心灵。

有的家长不愿意和孩子谈钱，原因是他们觉得这样会引导孩子对金钱过度追求。给予也是一种智慧，让孩子学习理财，但不能让他们学会像“守财奴”一样生活。要引导孩子们正确地对待钱财，在能力的范围内，也要教会子女们学会分享，学会从精神和物质上给予他人帮助，这将对孩子未来的成长有很大的积极作用。正如大作家雨果曾说过的话：“**世界上最广阔的东西是海洋，比海洋更广阔的是天空，比天空更广阔的是人的心灵**。”如果不懂得分享，不愿施舍，那么即便拥有全世界的钱财，又有何意义？还不如做一个最快乐的穷人。

最富有的人，像安德鲁·卡内基和约翰·洛克菲勒，都替美国企业家树立了慈善捐赠的典范，他们都乐于施舍。比如卡内基的想法就是：死于富裕即死于羞耻。所以，卡内基几乎把他所有的钱都捐出去了。

一定要告诉孩子：在世人眼中，得到最多的就是最富有的人；而在上帝的国度里，付出最多的才是最富有的人，就像印第安的黑脚族。

第三章
欲望，儿童理财的心理课

第一节　对孩子说 No 的技巧

“美国石油巨子洛克菲勒财团的创始人洛克菲勒（John D. Rockfeller）在童年时代，祖父每周给他 10 美分零用钱，到周末检查是否增加，这迫使小洛克菲勒到街头卖报，养成劳动赚钱的观念。今天看来，洛克菲勒的童年不仅对他日后成为商业巨子有很大的激励作用，而且对儿童的财务教育也有借鉴意义。”

自从在杂志上看到这段报道，虽然我的朋友阿曼达不忍心让小儿子在街头卖报，却也开始认真思索该有的教育方式。

阿曼达是一位单亲妈妈，她 5 岁的小儿子很爱黏着她吵着逛街、购物，毕竟是好奇加占有心，要小孩看到新玩意不动心简直比登天还难。阿曼达因为平常工作忙碌，曾经试着用爱弥补教育，无止尽供应小儿子所需，要什么就买什么，几乎很少用到一个“不”字，甚至认为他一直买，总有买到他觉得够了不想再买的一天。可是她发现欲望是无穷无尽的，甚至会不断地扩大。我记得有位作家说过“食欲”这件事，比如吃喜欢的果仁吧，他说得有趣：“**吃**

一颗太少，吃两颗刚好，吃三颗就太少。”为什么吃三颗反而太少呢？因为吃上瘾之后，三颗反而不够，引起食欲后，只想越吃越多。欲望若没有适可而止，可是不行的。

阿曼达有时候带孩子外出，小儿子不知自己到底要什么，仍吵着买新东西，甚至没有看到喜爱的东西，也一定要买一个礼物回家，逢人便要炫耀一番。

阿曼达最初认为自己过度紧张了，但她隐隐觉得小儿子已经到了购物成瘾的地步，于是她开始担心他未来的人生怎么办，不会赚钱，不会存钱，就先会花钱。她不在乎他是否才智过人，只希望他懂得如何生活、如何生存。钱虽不是万能的，但没有钱万万不能，就算小儿子以后很会赚钱，但如果不会存钱，也等于什么都没有。

大概在儿子6岁时，阿曼达觉得是时候采取严格教育了，然而严格并非专制，强迫儿子盲从。她先订出一套买东西的标准：什么时候可以买，哪些东西可以买，哪些不可以买。一开始实施这套标准时，的确有很多困难，首先儿子会在卖场或百货公司大哭大闹，引起不少人侧目，但她坚持“哭闹的小孩永远都得不到糖吃”的原则，所以遇此情形阿曼达通常会放轻声音跟他说：“要安静，很多人在看你了。”或是严肃地跟他说：“我们说过了，不行就是不行。”再轻轻地将他搂抱在怀里，温柔地拍拍他，但是绝对要记住，不管他哭闹多久，甚至以绝食抗议，家长也千万不能心软。

不过，这不代表事情就这样结束了，因为小孩子只是表面上听大人的要求，他内心深处有一个很大的结，你必须要去解开，否则愈来愈多的结会让亲子关系变差。因此事过境迁后，当发现儿子情绪较为平静时，阿曼达会从头到尾把刚刚的事情详述一遍，并强调自己为何会如此坚持，坚持的原因何在。

久而久之，令人惊喜的是，小儿子从以前想要什么就要买什么，转变成在买东西之前会先询问：“这个贵不贵?”或“这个适合我玩吗?”这两句问话经常引来旁人的注意，并不时得到他人的称赞，而小儿子总是得意地露出微笑响应。

当小儿子年龄增长后，难免会接触到一些电视节目，比如新闻、戏剧，而对小孩来说真正有吸引力的是广告和卡通片。在阿曼达旅居东方的一段时间里，有家食品公司推出“茶饮料”，她起初没有注意，可是小儿子却很喜欢，每次听到“茶饮料”的广告就会飞奔到电视机前，静静地看那则广告，看完后回头跟她说：“妈咪，我好想喝这个。”阿曼达总会回问：“你确定这种饮料好喝吗?”他斩钉截铁地回答：“真的很好喝啦！相信我。”

一天，阿曼达真的买了那罐“茶饮料”给他喝，他喝了一口立刻皱眉喊：“够了，我喝饱了，不喝了。”

她跟着喝了一口，发现无糖的茶饮料喝起来就像不新鲜的生水一样，她反问儿子：“这饮料不好喝，你是因为喜欢那个广告的卡通娃娃，才说好喝的吧?”儿子马上点头。这次的经验成了她日后最好的教材，每次小儿子又受到广告的诱惑时，她都会提醒他：“宝贝，你忘记那个茶饮料的教训了吗?要买之前先想一想，是真的很好吗?不要被骗了。”

在教导儿子明白如何控制买东西的欲望后，阿曼达又开始训练儿子懂得如何用钱、如何存钱。每天约傍晚时分，她都会跟小儿子要求：“可以帮我做一件事吗?去陪隔壁爷爷散一下步好吗?”小儿子便会依话跑到隔壁家敲门，有礼貌地问：“爷爷，我陪你散步好不好?”只要他把工作做好，阿曼达就会拿 3 元钱给他当作陪伴散步的走路费。然而阿曼达每天都会重复提醒他："这 3 元钱是你的工资，你可以买自己喜欢的东西，但超过 3 元钱就不行，如果有剩下的可以存起来。"开始时，他不知存钱有什么好处，就只花一两元钱，再把零钱归还给妈妈，而阿曼达总会把这些零钱存放在存钱罐里。等存到约 50 元钱时，她把这些钱交到小儿子手上，跟他说："你现在多了 50 元钱可以用了，瞧，这些都是你平时用剩存下来的"。

之后小儿子每天仍陪爷爷散步，却绝少再提买东西的要求了，问他为何不买，他总是说："没有看到喜欢的。"或是说："50 元不够，我想要的东西比较贵，先存起来，等存多点儿钱再买。"

看着儿子在自己用心的教导下有明显的进步，心智年龄成熟不少，阿曼达开心得不得了，她相信人的一生若有太多花钱的欲望，将来即便拥有金山银山，到最后必定导致苦难；相反的，就算小儿子日后不若有钱人般富足，但肯定可以独立自主，不求他人。

第二节　让孩子自己承担过度消费的后果

许多拥有高学历的家长会在孩子的成长之路上，急切地想要把自己的经验硬灌输给下一代。家长们千万要记住，孩子的心灵像是一张白纸，他们天真无邪的心灵完全不能理解成人的世界。给孩子的理财教育，目的只在于培养他们正确的理财观和适当的行为能力，再加上小孩子的心情起伏较大，有时候强迫他们往往会适得其反，造成孩子的排斥感。这是一些家长无意中会犯的错误，因此，一定要时时提醒自己拿捏好双向的沟通方式。

但有一种教育，家长可不能过于心软，当发现孩子有借钱消费的行为时，绝对要让他们学会自己承担过度消费的后果。

古老的智慧告诉我们：**什么是快乐？快乐就是“爱其所得”**。也就是对于现有的状况，无论是多是少，只要能感到满意，就是快乐。但是，人不容易满足，所以经常不小心就会消费过度，看到好东西就想买，太多的物质欲望只考虑到“我想要”，却忽略了“我是否真的需要”，于是就变成了“购物狂”。有人因此而负债累累，甚至把钱花光光，到了濒临破产的阶段仍不自觉。在孩子纯真的心灵中，永远无法想象那种被追债的可怕。

妮克尔就是一个活生生的例子，因为年轻时过度消费，什么是快乐？快乐就是“爱其所得”。

虽然当时她幸运地找到了一个不错的工作，但自从办了信用卡后，看到东西就想买，只要心情不好就出国散心，导致银行账户一点儿存款都没有，还欠下一屁股的卡债，最后连每个月最低还款金额都还不出来，居然还无法停手，继续无限度地消费，直到接到可怕的追债电话时，她才真正觉醒。

经历冲动购物、身无分文、无家可归、被催收公司追债日子的妮克尔，下定决心不让自己的孩子重蹈覆辙，再陷她的可怕经历。所以妮克尔特别要求孩子应有正确的金钱观念，尤其量入为出更是她坚持的原则。

因此女儿稍微懂事时，妮克尔就慢慢将大人世界的理财和投资观念一点一滴灌输给她，让她自然进入情况，从妮克尔以往错误和失败的经验中学习正确的观念。

妮克尔带小孩购物时从不使用信用卡，她担心会有样学样。或许妮克尔的表现真的是过度了，不过，女儿从上幼儿园后就开始懂得买东西前要先问价钱，令周围好友对妮克尔的管教方法不得不称赞。

妮克尔说，其实一开始要求孩子是最难做的，因为孩子小，你说什么，她都是一副似懂非懂的样子，但是父母一定要坚持原则，任何状况都不可以轻易妥协。她说，女儿念七年级时正值叛逆期，无法体谅父母为何如此严苛待她，明明家里就属于高收入家庭，为何对她要如此严格呢？她常常向父母撒娇抱怨："我每个月才50美元的零用钱，要搭公交车、买东西得用自己的零用钱，要与同学外出聚餐、逛街得用自己的零用钱，平时想要买喜欢的衣服、鞋子，也要用自己的零用钱，日子好难过啊！"

一次，妮克尔的女儿与同学一起逛街，看中了一双马靴，她十分喜爱，觉得搭配短裙一定很好看，而且又打对折，可是看一下口袋里的零用钱只剩下20美元，根本买不了50美元的马靴。正在她很为难时，一起逛街的同学伸出援手，表示可以把钱先借给她使用，她心动的同时便行动了，心想未来每个星期还10元，三个星期就还清了，心中还窃喜这真是不错的计划。

回到家，妮克尔看到鞋柜多了一双马靴时心中很是讶异，但她表面完全不动声色。一星期过去了，有一晚女儿趁夜深人静时悄悄走到她身边，表示自己向同学借钱买了一双马靴，本想慢慢偿还，但前两天那位同学又看中想买的东西，希望她赶紧还钱，女儿希望妮克尔能借她30元还给同学。

妮克尔很明白，给零用钱并不应是家长对子女表示爱护的方式，若女儿从小就缺乏对金钱和欲望的控制，当她有自己的收入后，很难做到有规划地独立生活。她用温和的语气向女儿说："我早就跟你说过，我绝不会借钱给任何人，子女也是一样，没有一个例外。"女儿马上眼眶红了，哽咽地说："真的不行吗？为何同学可以借我钱，你就不可以？"整整三天的时间女儿完全不跟妮克尔说话。这种经验很多父母可能都不陌生吧！又过了约莫一周后，妮克尔主动化解僵局，她跟女儿说，最近出版社较忙，有一份稿子急着要交印刷厂，需要人帮忙校对，如果愿意的话，她可以支付20元的酬劳，女儿马上表示自己要接这个工作。最后皆大欢喜，女儿连同一星期的零用金，加上20元的打工津贴，马上把债还清了。

事隔很久，妮克尔再跟女儿聊起这段往事时，女儿摇摇头说，打从那一次后，她再也不敢跟人家借钱了。原来当妮克尔拒绝支持她时，她手上只有10元零用钱，不仅不够还清债务，就算先给了同学，她也将会有近一个星期的时间不能逛街买东西了。更可怕的是，第二天她鼓起勇气面对同学，表明没有那么多钱，最多每周还 10 元时，同学马上拉下脸来，还说还不起当初就不该买东西，让她当下困窘得只想找个地洞躲起来，还好后来有打工机会可以解围。不过也让她明白了借钱、还钱这种事情很伤感情，难怪母亲一再强调要量入为出，绝对不可以向别人借钱的道理。

适度让孩子承担过度承诺的后果，而不是随时替孩子收拾闯的祸，从痛苦经验中，孩子的成长绝对会比预期的快。妮克尔的教育方式就是很好的经验谈。

第三节 让孩子当“一日家长”

不久前，就读十二年级的小表弟阿伦邀请我跟我儿子保罗参加学校的校庆游园会，说实话，这位小表弟跟我差了二十多岁，在保罗还没有出生之前，我根本就把他当成是自己的小孩那样疼爱，再加上两家人住得近，他经常放学后就直接到我家写功课玩游戏，由于他和保罗二人年纪接近，保罗一向很听他这位小叔叔的话。

但阿伦的妈妈对他的学校成绩一直很有意见，经常对他冷言冷语，例如“花钱供你读贵族学校，表现却令人失望……”还有“别家的孩子拿A，你怎么不多学学……”这样的言语使得阿伦的小小心灵很是受伤，所以只要他跟我一起出去时，他常常会刻意表现出小大人的一面，一切向高贵的“最好”看齐。例如有次他指定要去日本餐馆吃饭，因为他理直气壮地坚持：“既然出去吃饭，就要选择家里吃不到的东西，像日式料理……”我当然不好让他失望了，即便当时我想吃别家餐厅。

游园会当天，我跟儿子依他的话在门口见面，他兴奋地说游园会有一项“福利”，就是可以用有价值的东西换取两倍价值的点数，凭点数可以买任何东西。

一眼望去，游园会的商品多得令人目眩，处处充满着梦幻似的广告，让游客迷惑得认为没兑换点数好像不妥，既然有这么多点数可以买任何东西，为什么不拿出自己的东西换呢？

我一再提醒阿伦要三思：“先想清楚，卖出去的东西，要再赎回来可是很贵的。”

“没问题的。”

于是信心满满的他将自己平常玩的Sony PSP拿去换取点数。

游园会的琳琅满目似乎使小朋友们美梦成真了，有了厚厚一沓像钞票一样的点数，可以想买什么就买什么。许多人像阿伦一样把自己最宝贵的玩具拿去兑换，每到一个摊位就开始买东西，但仔细一看，有很多其实是不实用的。“换两倍的点数买更多的东西”虽然听起来很吸引人，可是展示的商品多是可供观赏的玩具，例如只能看不能玩的模型组、机器人，或体积大的毛绒玩具、益智玩具、积木、过期的漫画刊物等等，而且换算起来价格并没有更便宜。

当手中的东西愈来愈多时，阿伦开始觉得这些东西还不如一个 PSP 有用，他开始闷闷不乐。“表哥，你说得对，我不应该贪得无厌，虽然一开始看到可以换这么多东西很快乐，但是现在我后悔了，不过来不及了。”

“嗯，原本是自己最喜欢的东西，现在却要用更多的钱去买回来。这种兑换点数的做法就像是包了糖衣的广告，让我们心甘情愿地掏出钱。”

我继续说：“这就像是信用卡，买东西时不用现金的坏处就是容易超过预算，平常如果没有量入为出的习惯，有所节制，到了该还钱的时候，就会跟现在一样欲哭无泪。”

“这些东西到底要留着，还是不要？”

“你喜欢这些东西，还是原来的PSP?”

他眼眶泛红，“当然是PSP，可是我已经没有两倍的钱可以换回来了。”

“如果你真的需要，我们再去绕一圈，看看有没有旧的PSP可以换。”

这次的游园会带给小表弟多少启发，我并不十分清楚，但希望让他了解什么是需要、什么是想要，其实他在游园会上只是买了一堆“想要”，沉浸在杀价的喜悦之中，可是却忘了自己的“需要”。消费前一定要三思啊！许多商品广告的赠品、礼物，看起来非常诱人，可是为了小小的赠品花了几倍的钱，值得吗？就算换回来了赠品，有些质量不好，或是到手后却放了一年根本未拆封过，真是得不偿失呀！

让孩子带你去消费，家长只要观察就好，尽量不要在当场纠正，切记这时父母只是协助者的角色，不要急着指导孩子该怎么做，事后再与孩子讨论你们和他们不一样的想法，例如告诉孩子买大减价的商品看似讨到便宜，但或许只是店家出清劣质商品的手法，或是事后讨论如何分辨“想要”及“需要”的不同。

言教不如身教，课堂的知识必须透过实践才能更有说服力。当父母要将一个观念灌输给小孩的时候，**我建议的做法是，给他一天的主导权**，让他完全承担“做决定”的效果与后果。零售业者有时候为了宣传，会请艺人或知名人士担任所谓的“一日店长”，同样的设计，让小孩当拥有决定购买权的“一日家长”，当孩子坐上这个位置，父母又能从旁与他沟通引导，他会有更为理性的决定与改变。这种方式，确实是可以善加利用的教育之道。

第四节　勤劳报酬率

教育，要从小开始，而价值观和金钱教育，都来自于生活教育。

辛迪的家庭就是外界所谓的一家人分隔两地，借着光纤电缆输送感情的“通勤家庭”（commuter family）或“远距家庭”（long distance family）。她的两个小孩小学就都被送到澳洲的布里斯班念书，刚开始辛迪的老公在上海打理工厂，就剩下辛迪带着小孩在布里斯班生活，到了小孩都念到高中时，因为老公的事业出现问题，辛迪把布里斯班的我建议的做法是，给他一天的主导权。

房子出售，带着卖屋所得到上海帮老公渡过财务危机。两个小孩因为要继续念书，无法返回上海，就被安排住进娘家的弟弟家中，两家人本来就住得不远，再加上平时来往很密切，辛迪觉得一切都无后顾之忧。

只是平时两个家庭的往来就算再如何频繁与密切，都只算是蜻蜓点水，所以当然冲突不多，可是两个小孩加入舅舅家后，一切就必须依照舅妈的生活方式运作了。最大的挑战在于舅妈认为孩子上大学后就是大人了，必须负担家中的部分开支，于是她要求自己的小孩必须去外头打工，支付家中的电费，当然辛迪两个小孩也不例外。不过，对从小在家中养尊处优，不曾打过工，也不曾支付家用的小孩来说，他们简直是不敢相信，觉得自己从天堂坠入了地狱。

寄人篱下的辛迪的两个小孩很懂事，不想让父母太过担心，决定自食其力。因为澳洲电费很贵，他们两人开始去邻居家当保姆或是到快餐店打工，但为了节省更多的电费，两人有时打工后返回舅舅家时连灯都不开，摸黑进门，进房后也尽量开小灯，看得见就好了，肚子饿更不敢开电炉煮东西，索性以泡面果腹。本来辛迪都不知两个小孩是如此过日子的，但就在两个小孩放暑假回家时，因为在澳洲的生活习惯一时改不过来，他们几乎都不太开灯、不太开冷气，跟以前走到哪儿开到哪儿的生活习惯完全不同。

辛迪当然很心疼，不舍两个孩子委屈生活，但两个小孩并不觉得委屈，他们反而觉得负担舅妈家中的电费后，让他们注意到电费的昂贵，原来昔日走到哪儿开到哪儿的生活习惯根本就是在浪费钱，那些电省下来不单单可以为地球做环保，还可以省下一笔钱，每年都可以多一笔旅游费用，一举两得。最后辛迪接受了孩子的解释，心中也很感谢弟媳的生活教育。

这个故事其实是理财教育的很好的例子，生活中的体悟是获得正确观念的最佳学习渠道。父母不可急着把理财观念灌输给孩子，养成正确的金钱观不是一蹴可就的，孩子需要慢慢地被栽培，一点一滴地累积观念。他们成长的每一个过程中，都需要父母耐心引导。我认识的一位理财顾问丹尼尔提到，他的母亲从他小时候就将理财的理念和技巧变得生活化，在潜移默化中让他自然而然接受，融入生活中。

丹尼尔的父母都在自己的牙医诊所工作，丰厚的收入和长久的投资经验，使如何理财成为他家每晚餐桌上的话题之一。

丹尼尔回忆起在高中毕业的那一年，他看中了一辆非常有型的摩托车，便缠着母亲要多一点儿零用钱，母亲反问："你既然已经毕业了，我们平常就只能供应你的生活必需品，如果你还想要其他东西，就得想办法自己赚钱买。"热爱摩托车的丹尼尔心都凉了，靠他目前在修车店打工，一个星期顶多能赚个100美元已经不错了，而买那辆摩托车至少要2800元，去哪里才能赚得到这么多钱呢？母亲见他心情沮丧，便提出了几个方法：一是每天打完工后就到诊所帮忙，比如打烊前清洁擦地，可以获得30元；二是参加小区义工队伍，只要能每天清早参与小区服务，全勤可获得30元，再来就是周末到独居老人家里帮忙打扫，或念书给老人们听，可获得20元作为奖励。为了早一点儿得到心仪的摩托车，丹尼尔接受了母亲的建议。每天修车已经很疲累了，但他还得饿着肚子到诊所做清洁工作兼倒垃圾；平常习惯赖床的他每早睡眼惺忪地摸黑到公园参加小区服务，偶尔迟到一两次，严格的妈妈便会当场扣除他的打工钱；最累的是周末不得休息，得推掉好朋友的热情邀约，一个人跑到老人家中帮忙洗碗、折衣服、读报纸等等。就这样过了好几个月，丹尼尔终于拿着自己的辛苦钱到店里买回了他梦寐以求的摩托车。

但真正让丹尼尔的人生观产生重大转变的因素不只是靠自己的劳动赚钱，他更从服务中体会到助人的乐趣与成就感，所以即便已经得到想要的东西，他还是保持每天一样的劳动和服务习惯。每个人都有要获得好的生活与物质条件的欲望，但是必须理解好待遇不是凭空得来的，需要通过生活实践、通过自己的劳动来获得。

第四章
孩子可能的想法与做法

第一节　惰性生活的可能借口

欲望太多是不当的，但是完全没有欲望，也是值得家长注意的。因为，稍一不慎，这可能就成了子女惰性生活的借口。

活泼外向的艾琳是一名保险公司的超级业务员，工作绩效非常优异。一天我到她的办公室聊天，意外地她女儿的学校老师正好打电话来。艾琳的女儿性格跟她完全不一样，文静听话，成绩优异，是艾琳引以为傲的心肝宝贝。但是那天我这位朋友却被老师请到学校，原因就是她女儿的表现令人担心。

“艾琳女士，我必须老实地告诉您，您的女儿蒂娜长期处在一种抑郁的情绪中，她几乎不跟别人交往，对什么事情也都不感兴趣，如果她不能改变个性，我对于她的将来忧心忡忡。”

这样强烈的话从老师嘴里说出来，令这位在职场上叱咤风云的超级业务员感到不小的惊讶。

“老师，蒂娜真是这样吗？她一直是个乖小孩，在家里没有异样啊！”

“请相信我们的观察与判断，蒂娜虽然成绩优秀，但是与同学之间却形同陌路，对任何活动也谢绝参加，对于这样冷漠的孩子，我们应该要早点儿发现她的症结所在。”

“不，她在家中一切都很正常，请问，是不是她在学校曾发生过什么事?”

老师依然有耐心地沟通：“艾琳女士，职业妇女与子女相处的时间可能较少，有时往往会疏忽一些小孩的变化。我知道您的工作很忙，但是为了她的人格发展，为了您在几年之后不至于对子女感到陌生，甚至还需求助心理医生，我建议您先放下手上的工作，多跟女儿进行交流沟通。”

在老师的建议下，艾琳赶紧带着女儿求助于一位心理医生。所幸这位医生并不建议她把女儿当成是自闭症患者或是心理有问题的孩子严肃对待，只是建议她先将两个字当作药包给艾琳，要她亲自转交给自己的女儿，而这个词就是“热忱”。

热忱，确实是提升情绪的良方，每一件工作的成就，莫不是因为热忱而来的。

“热忱”（Enthusiasm），在定义上就是热烈的情意，其希腊字源的意思为**“神在其中”**（God Within）。热忱是一切成功的源头，是让生命发光最关键的能量，也就是说热忱是追求无论物质与幸福必需的基本精神。一个人只要强烈地坚持追求，就能达到目的，当他有无限热忱的时候，才可能心想事成。热忱本身就是一种主动的心理状态，有了热忱，我们会对世上的事物保持好奇心，还有不减的热情。

当艾琳尝试把“热忱”灌输给宝贝女儿时，见她却没有任何反应，这位超级业务员不知所措，忽然间找不到平日职场里的那种自信和骄傲了。

她表面装做镇定，心里想着医生给的建议和说话口吻。

“好的，孩子，如果你不想浪费自己的聪明才智，以及老天赐给你的一切机会和美好东西，不管你想成就一番事业，还是想成为有钱的人，你都得拿出你的热忱来……”

女儿摇摇头打断她的话，“不，我不想成就任何事业，也不想成为有钱人，更不想成为一般人眼中毫无生活乐趣的工作狂，把生活的重心完全放在工作上。”

“那么你以后想做什么？”

“我以后只想当一个平平淡淡的家庭主妇，过着简单的生活，这就好了。”

艾琳惊讶得说不出话，她终于知道自己根本不了解女儿心里在想些什么，但是现在她不能退缩，为了女儿将来的幸福，她必须按照心理专家的建议继续进行。

“你不想过好一点儿的生活吗?”

“妈咪，你为了让我们过好一点儿的生活，每天忙得没有时间休息。人为什么要忙碌?为什么要过着自己不喜欢的生活?”

“因为父母一定要赚钱养家，如果我们有很多钱，那么我完全可以不必忙碌，每天做想做的事情。记住，都是为了钱。我和爸爸做的一切都是为了你和全家人的幸福。”

“难道你不会感到空虚吗?我认为生活是由自己决定的。”

“你说的没有错。好，宝贝，即使你的人生目标是想要做一名家庭主妇，那么，我的孩子，你也要明白，‘家庭主妇’绝对不是一个平凡的工作。”

蒂娜看见艾琳没有反对自己的意见，原本冷淡的眼神也开始显出了些兴趣。

“在生活中，我们经常可以发现有一些非常擅长家务的家庭主妇，不管她们是洗衣、做饭还是打扫房间，或者照顾孩子，都有一副自得其乐的专注神态。她们以积极的心态做着各种家事，并从中感受到一些乐趣。她们以轻松愉悦的心情做事，使得家庭的氛围变得温馨、舒适，使每个家庭成员的心灵得到慰藉，使家庭生活变得更为美好。还有另外一些家庭主妇，她们就不一样了，她们把家务活当成是天下最乏味的事情，只要稍有可能，她们就会找到借口和理由拖延或干脆省掉那些家务劳动，即使是被迫做了一些，结果也不能令人满意，甚至是一片狼藉，毫无舒适感可言。在这样的家庭里，谁的身心能得到放松呢？那么，究竟是什么原因造成了这两种家庭主妇之间的巨大区别呢？答案就是对生命的热忱。我这样说，你能明白吗，孩子？”

蒂娜惊讶地直视着母亲，说：“妈咪，你也懂得家庭妇女的差别啊？”

“当然了，宝贝，别以为我只会上班而已噢！妈妈跟天下所有的妈妈是一样的。”

艾琳当场给蒂娜一个久违的拥抱。“对不起，宝贝，妈妈知道工作占去了我太多的时间，以后我会尽力多留一点儿时间给你的，多听听你的想法。”

“谢谢你，妈妈，我知道你很希望我将来能成为一个有出息的人，其实我也希望自己能有一番成就，说实话，我目前还没有想到将来要做什么哩！”

艾琳笑了，“只要你开心，做什么都好，宝贝。我知道你不爱当有钱人，但是千万要记得，钱不是罪恶的东西，只要使用的目的正确，钱是一种很好的能量。”

“能量？”

“是的，有了足够的钱，就可以使人放心追求自己的生活，这就是一种能量。例如，一个缺钱的家庭主妇，每天起床眼睛一张开，就要烦心许多问题——今天该去哪里筹钱？先生找到工作了吗？孩子的学费怎么办？下一餐在哪里？……还怎会有心情面对生活呢？”

“你的意思是，钱具有安定人心的力量？”

“嗯，虽然金钱不是万能的，但没有钱却万万不能。”艾琳趁机接着说，“不过，回到刚刚的话题，我想跟你聊聊关于‘生命的热忱’，这与你有很大的关系。”

“热忱跟我的关系？”

“对，就是热忱。就像‘美体小铺’（Body Shop）的创办人。”

“我们常去买东西的‘美体小铺’？”

“是的。美体小铺是英国化妆品连锁店，创办人安妮塔·

罗迪克（Anita Roddick）是位女性，她原本是帮助先生圆梦，后来却打造了如此成功的连锁事业。她说过，‘**要经营事业……你需要……乐观、以人为本、热诚、直觉、好奇心、爱、幽默、魔力与乐趣，还有一项神秘的要素，就是心情愉快**。’这些特质让她身为一位家庭主妇却转而经营了让每个家庭都受益的事业，热忱就是其中很重要的一项。”

艾琳继续说道：“热忱是一种热情的精神特质，它能把人全身的每一个细胞都激发起来，让人保持高度的参与投入性，去尽力完成内心渴望的工作。能够保持热忱的人，会从里到外放射出来一种难以抑制的热力，你的整个精神也将为之振奋，做起事很有冲劲，容易事半功倍，身边的人也会被你感染。看看我们周围，每一个快乐的人，都在他所处的领域里拥有一种疯狂的热情，这种热情也就是取得成就的源泉。如果两个人的专业与技能都一样，最后决定他们谁能卓越、谁却平庸的关键就是热忱。因为有热忱的人追求成功的热情更强，成功的几率也就会更大。即使你是一个普通的家庭主妇，怀抱热忱，还是能够替家庭带来不一样的感觉与气氛。”

“你的意思是，我不具备这种能力吗?”

“不是不具备，而是欠缺了一点儿东西，我的孩子。而现在，我必须要让你明白‘热忱’对你的人生来说有多么重要。在我很年轻的时候，就已经明白自己想要的未来，如同现在的你一样。为了要成为一个优秀的业务员，首先我在心里告诉自己应该怎么去做才能做到，接着我将所有热忱投入到这一过程中，直到达到目标为止。‘热忱’，尤其是对一个业务员来说，它就如同水对鱼那般不可缺少。如果没有热忱，你便会给自己一个心理暗示，就是我很疲惫，无法完成既定的目标，接着这种不积极的状态就会延伸到你的工作行为中，造成惰性心理，影响你的表现，更严重时还会破坏整个团队的士气。现在几乎所有的公司都已注意到热忱的力量，所有成功的老板都懂得应用热忱的心理激励同事，以协助其销售人员达成更多的交易，帮助公司更有效地成长。也正是因为这样，几乎所有具备规模的公司都会定期举行心灵交流或动员会，目的就在于要鼓舞所有销售人员的士气，并经由群众心理学的原则，把工作的热忱灌注到这些销售人员的心中，这样才能带动整个公司，带动所有员工，努力追求公司最大的利益。宝贝，即使你以后只想成为一位家庭主妇，但也该是一个充满热忱的主妇，你的家人也会因此感到莫大的愉悦，这不就是人生能拥有的最大财富吗？”

要经营事业……你需要……乐观、以人为本、热诚、直觉、好奇心、爱、幽默、魔力与乐趣，还有一项神秘的要素，就是心情愉快。

“那应该怎么样才能让自己充满热忱呢？”

“很简单，我的孩子。首先你不要把这当成是一件困难的事，只要在日常生活中，与人相处时提醒自己要有热忱意识就行了。比如说，你可以通过帮助别人增加自己的信心，参加各种活动，有目的地培养自己的积极意识，每天给自己的自信多一点儿，做事情的积极性和热忱自然就会跟着多一点儿。还有，每天早上照镜子时，你可以看着自己，说一些赞美的话鼓励自己，或者在学校与同学交谈时，多使用一些有感染力的正面语言，诸如很愉快、很开心等等。这样的心理暗示将潜移默化，转换你的情绪，渐渐地，整个人也会变得积极起来。”

“还有，”艾琳继续说：“记得要多跟一些性格开朗的人接触，观察他们是如何与别人相处的。人生的财富包括有形和无形的，‘热忱’就是那看不见的财富，明白吗，我的宝贝？”

女儿的脸上绽开久违的笑容，“嗯，我明白了，我一定会努力的，妈咪。”

男孩女孩相较之下，女孩的观念偏向居家型，比较欠缺对生活的企图心，认为只要扮演好“主内”的角色就行。在这种状况下，容易得过且过，淡化对生活的积极想法。然而，现在男女已经平等，有时候女性担任的职责甚至比男性更重，也有可能是家里的经济支柱。但不管是否扮演经济角色，要改善生活状况，积极的心态是不可避免的，尽管只是想做个好的家庭主妇。因为**“赚生活”的重要性，不亚于赚钱的重要性**，教导孩子拥有积极的心态，才能改变他们的未来人生。

第二节 儿童预算局长

“嗨，帕特里克，我的一对女儿以后很有潜力当上预算局长。”那天在院所办公室，任教经济系的艾伦教授对帕特里克教授说了上面这些话。

“哦，你是说女儿们遗传到了你的基因，有很好的经济头脑，所以未来可以期望她们的成就吗?”帕特里克笑着回答。

“不是，是这两个小鬼头要零用钱可真有一套呢！呵呵，令我真是又好气又好笑。”艾伦教授边摇头边微笑。

“说来听听，到底有什么高招可以让你这位严格管控零用钱预算的老爸伤脑筋呢?"我也加入了他们的谈话。艾伦教授就是通过零用钱的管理来教育他的一对女儿拥有财务观念的。

"有一天，小女儿跑到我跟前说，爸爸，过两周就是圣诞节了，我要买礼物送人，可零用钱不够，有好多同学要送呢。"艾伦教授接着说，"这是一个理财的机会教育课，我告诉小女儿说，因为有特殊的原因，我同意可以多给她一个月的零用钱，但是，还是得挑选值得送礼的朋友，这样花费就不会膨胀了。另外，送的礼物也不要太贵，心意最重要，送张小卡片，写上祝福也很好。"

帕特里克说："解释得很好呀，这就是理财中最重要的精简开支，做好项目的预算分配呀。"

"是呀，换作是我也一样会这么说的。"我也回应着。

"是这样就好了，可是不是呀。"艾伦教授笑着说，"隔天，小女儿就拿着预备送礼的对象名单来找我。我看了一下送礼对象，大概有三十多个，包括老师、同学以及一些朋友。每个人送的礼物金额也都不高，大多是一些文具、卡片之类的礼物。我问小女儿说，爸爸给你的零用钱应该够呀，这些都是小礼物，不会花很多钱的。你不要担心。”

“不够的，我加起来过了，真的不够。”艾伦教授的小女儿跟他嘟着嘴说。

“为什么呢？你怎么加的？”艾伦问。

“爸爸，你不是说姐妹要相亲相爱吗？”小女儿问艾伦。

“是呀，为什么这么说？”

“因为我觉得爸爸说的很对，要对姐姐好。所以我打电话订了个圣诞礼物给姐姐，可这份单子上面没记上这一笔。”

“很好呀，你女儿有手足之情，证明你的教育非常成功。”我跟帕特里克教授齐声这么说。

艾伦点点头，“我听小女儿说完，也觉得有道理，买礼物送姐姐，虽然贵了点儿，超出了零用钱的预算，我还是破例付了这些钱。”接着艾伦又摇摇头，“没想到的是，过了几天，我大女儿也来找我，提出同样的问题，也说听我的话要对妹妹好，所以要回送妹妹圣诞礼物，因此也订购了个玩具。所以，她的零用钱也是超支了。”

我说：“没关系呀，虽然花费超过零用钱的平日预算，但是两姐妹能彼此想到对方，姐妹感情融洽，值得啦。”

“就是呀，这点儿小钱不算什么的。”帕特里克附和着我说。

“事情还没完呢，”艾伦接着说，“有一天我进到小女儿的房间，发现有个芭比娃娃在她房里，然后又到大女儿房间，发现了乐高玩具。我这才想起来，有一次带她们去逛百货公司，两人吵着要买芭比娃娃和乐高积木，我没答应，要她们自己慢慢存钱购买，没想到，这两姐妹居然利用圣诞节的名义，订购了彼此喜欢的东西，然后以送礼物给对方的名义向我讨钱。你们说，这两姐妹是不是很会想名目追加预算？”

“哈哈！”我跟帕特里克教授听完都哈哈大笑。这两姐妹真是聪明，以友爱手足的名义，让老爸掏腰包埋单，然后得到自己的礼物。当然艾伦教授事后告诫了这两姐妹不可再犯。想想看，这对还在读小学的姐妹，为了得到礼物，尽管有可以解释的正面理由，但父母仍应该借此机会告诉她们观念错误之处——绝对不可以为了目的而说谎，或是将目的正当化。

财务教育可是不简单的，除了表面的名目正确，隐藏在其下的用心与手法也是教给孩子正确理财观念时不可忽略的细节。

第三节　孩子有私房钱到底好不好?

发现孩子藏有自己的私房钱，做父母的该禁止吗？子女的这种行为，确有讨论的必要，不过我们且从成人世界谈起。

其实各国对于私房钱的看法各有不一，但都极为有趣。以爱储蓄的亚洲人为例，就成人世界来说，有调查显示，曾经是英国殖民地的香港，有将近三分之一的香港已婚男女有私房钱。已婚男性藏私房钱的原因是他们认为赚多少钱应该属于自己的隐私，即使结婚以后，也不能完全没有个人隐私；还有些香港男性担心自己被老婆以家用的理由榨干仅有的收入，所以得藏些私房钱。香港男人最常把私房钱藏在办公室的抽屉里，因为他们在下班后几乎不与老婆谈论工作的事，再者，办公室撬抽屉锁的几率极小。不过，办公室集体失窃的案件时有所闻，说起来也不一定安全。

在日本，最会存私房钱的是女性，甚至有一说，日本女人为何会荣登世界上最会存私房钱的人呢？原因是在思想保守的日本社会里，通常女人结婚之后，必须和娘家切断经济联系，所以已婚又没有工作的女性大多会有秘密攒钱的习惯。但是不光只有女性懂得藏私房钱，而是全家人都有各自的秘密基地！

一个日本节目曾针对一般家庭中藏私房钱的现象以及习惯藏私房钱的场所做过调查，结果非常有趣：虽然每个人都不太愿意承认自己有私房钱，但追根究底之下赫然发现，几乎家中每个成员都有私房钱，而且家人藏私房钱的金额比想象中多得多。那么日本人会把钱藏在哪儿呢？书籍中、衣柜夹层、天花板的缝隙和榻榻米的下面，都是可能的地点。有趣的是，一些人甚至觉得越臭的地方，像是厕所马桶的水箱，就越安全。

在西方呢？英国一家银行曾针对行内的私人账户进行调查，结果显示，多数英国人在婚后都各自瞒着另一半去银行开立保险箱或私人账户，他们相信将私房钱存在银行里是最安全的方法，原因是担心将来与另一半离婚或者破产、被裁员、失业等等。但有趣的是，男女私底下开立保险箱或私人账户的理由大不相同，男人多半是为了不便开口的开销，例如抽烟、喝酒、泡吧、看足球赛等；女人则是为了自己的不时之需，或贴补小孩家用。

存私房钱，从根本意义上讲，是为了获得独立感和安全感。在最早的时候，女人并没有出来工作赚钱的权利，只能躲在男人背后，为他料理生活，男人的经济地位明显高于女人。当婚姻成为女人们赖以生存的物质基础时，金钱不言而喻地能带给女人安全感。因此，私房钱就是专门给女人准备的，以便她们应对不时之需，或者在遭遇婚姻不幸时，让刚刚失去婚姻的自己生活有些保障，暂渡危机。而现在，虽然男人和女人都有工作赚钱的机会，但是面对生活中纷杂的收支情况，在家庭里做到绝对公开化、透明化是很难的，于是，几乎每个家庭都会存在着私房钱这样的问题。对婚姻关系来说，私房钱的存在以及如何使用也是非常微妙的。有些人认为，在婚姻关系中，如果一个人给家里挣的钱比另一个人多，前者就会很容易在金钱上更具有控制力，或者说是有更多左右家庭的力量。而挣钱少的一方就可能会感觉自己的价值比较低，并且由此而减低或放弃自己在家庭财政中的发言权。这样一来，家庭关系因为经济关系形成了一种不平衡的状况，长此以往，就一定会造成不和谐的家庭关系。归结来说，私房钱问题会反映夫妻双方对待金钱的态度，考验夫妻之间的责任感和诚信度。另一方面，在对孩子的教育上，私房钱一样也有值得探讨的空间。

比如，孩子在自己没有经济能力的时候，总是习惯向父母要钱买一些自己想要的东西。如果这个家庭里是爸爸掌握经济大权，孩子向爸爸要钱的时候总能得到满足，而向妈妈要钱的时候就会被拒绝，因为妈妈没钱。这样一来，孩子就会认为在家庭里，爸爸有地位而妈妈没有地位，如果不加以适当的教育，孩子甚至会产生轻视母亲的潜意识。这种观念不仅对维系家庭和谐不利，对孩子自身的成长也很不利。所以说，私房钱作为一种对婚姻关系中的相对弱者的保障来说，是应该存在的。

那么，如果是孩子有私房钱，究竟父母该如何看待呢？如果孩子问起这件事情，作为家长，我们应该怎么去回答他呢？

现在孩子们得到额外的打工钱和零用钱的机会愈来愈多。玛丽说：“十五年级前，我只能拿到一周50块钱的零用金，现在有100块钱的收入了。我办了一张银行卡，把钱全部存到里面，想怎么用都可以。”她甚至认为，对于将来不用有什么计划，自己的钱想怎么花就怎么花。

随着孩子们的消费意识独立，思想越来越开放的家长让更多的孩子有了独立支配金钱的意识，也放松了对孩子的约束。

然而，孩子对金钱的独立支配意识也引起了家长的顾虑。玛丽的父亲说：“孩子提出要有自己的私房钱，完全不要我们过问，如果我不答应，她会觉得不公平。但是她现在打工赚钱了，让她自己支配较大的金额，我们就是不放心。”

他说：“父母如果没有引导孩子如何使用，就容易出现问题。但是父母限制孩子支配钱，又容易滋生孩子的叛逆心理，反而更不愿沟通，父母不如从自己给的零用钱开始引导，教育孩子学会理财，告诉他们把钱花在刀口上，合理地支配。”

其实父母一点儿都不需要担心，因为默许孩子拥有自己的“私房钱”，是有利于培养他们经济独立的。

让我们来参考法国的例子。法国小孩早在三四岁时就有“家庭理财课程”，即是让他们有“数字”的概念，认识不同面额的硬币和纸币，明白金钱与消费之间的关系。

根据报道，75%的法国父母会定期给孩子私房钱，如6岁的孩子平均每月从家长那儿得到65欧元，再做出某些消费限制，有利于培养子女理智的计划用钱、理财的技巧。

在过圣诞节或生日时，三四岁的孩子可以从大人那儿得到的零用钱可能仅为5欧元，父母会鼓励他们自己消费，然后帮他们分析消费是否合理、必要，从中学到了什么经验。

法国父母帮子女设立账户时会“约法三章”，不过，如果孩子忍不住胡乱消费，父母一般也不会动怒出言喝止，而是把这看作孩子学理财的“基本学费”，日后再引导他们如何花钱。当孩子有了自己的钱后，更容易看出他们的价值观及金钱态度，比如是否过于节俭而至苛刻的程度，因此正好可以作为观察孩子的绝佳机会。

若孩子大了一些，拥有了自己的“个人户头”，父母宜与孩子讨论保持一定金额在账户中的必要性，以备不时之需。在整个过程中，家长对子女的个人账户要保持一定的合理监控。

如果孩子真的问起你关于私房钱的事情，不要再为了不知道该怎么回答而发愁了。你要坚定地告诉他，不管以什么名义存钱，都是一件好事，但是，千万不要因为存私房钱而影响用钱有度的金钱观念。

就年龄来说，15 到 18 岁是孩子身心发生很大变化的时期，这时候让孩子拥有自己可以调度的私房钱，有利于培养其经济上一定的独立性。容许孩子拥有一笔不起眼的“小钱”，除了可以从旁提醒孩子，鼓励他们在股票、基金、国债、保险等方面亲自体验，以增加自己的理财知识外，更重要的是，可通过对孩子拥有私房钱的认可，获得彼此的信任关系，增进家庭的和谐。

第四节　如果你有一千万

一位大酒店的老板眼见着本季报表上的净利节节高升，心满意足的他在家小酌一番，心血来潮地翻了翻儿子的作业簿，问了儿子一个虚拟的假设问题。

“孩子，假如，我是说假如喔，现在你有一千万，你准备如何处理这笔钱?”

“一千万?”

“对，是的，一千万。我的孩子。”

儿子看着父亲略带醉意的眼睛，想了想，说：“我会拿一千万买最顶级的游戏设备，可以供自己玩一辈子，再请六个员工帮我赚钱。”

父亲扬了扬眉毛，对于儿子的这个回答显然很不满意。

“孩子，你是在跟我开玩笑的，对吧?”

儿子轻松地看着父亲，说：“玩笑，当然，如果你是这么认为的话。”

“那么，为什么是六个员工？而不是四个，八个，或者十个？这么多的钱是可以请得起的。”

“哦，没那个必要，六个就够了。一位当我的厨师兼保姆，最好会做法国菜；一位是司机兼保镖，长相一定要有型，但不能超过我；一位留给你和妈妈，帮我照顾你们的生活，满足你们的各种要求；一位计算机游戏高手，陪我玩游戏，也可以为我开发新游戏；还有一位担任我公司的 CEO，替我打理生意，帮我数钱；还有一位代替我现在的牙医，我一直被这可恶的牙疼困扰，这您知道。所以，六个就够了，不是吗？”

父亲眼睛一亮，说：“刚才你说，有一个人要做你公司的CEO，替你打理生意，帮你数钱。是这样吗，孩子？那么我想知道你打算经营什么生意？是游戏开发吗？”

“当然，难道您希望我继承您的酒店吗？哦，不，爸爸，我每天看着您忙碌的生活方式，虽然我必须承认您赚钱有一套，但是我并不渴望自己成为第二个您，每天只知道赚钱，心里想的全都是生意，偶尔去打高尔夫球也是为了跟客人谈生意，这样的人生有什么乐趣？不，那不是我想要的。”

“那你想要的是什么？”

“自由自在，做自己喜欢做的事情。”

“那就赚不到钱了。”

“我已经有一千万了，足够一辈子开销了，不是吗？虽然只是假设问题。”

“哦，对，是的。孩子，你这样的想法很好。”

这位宽容的父亲经由这样的一场对话，虽明白儿子的确是个有想法而且很孝顺的孩子，但在思想上有些浮躁、不脚踏实地的想法。

年轻人的通病是他们过分向往自由，普遍看不惯自己老爸老妈的处世之道，但对于父母而言，最重要的是帮孩子铺路之前，先了解他们的想法，依照他们的兴趣、潜能加以引导，才能真正帮助孩子走上一条明路。后来，这位酒店老板果真在游戏开发方面栽培儿子，儿子也没有辜负父亲对他的期望，在这一行做出了名堂，虽然与他当初说的目标还有一大段距离，但毕竟也算是拥有自己的事业了。

曾有教育学家同样用“假如你有一千万”这一问题，对不同地域和年龄阶段的孩子进行调查，孩子们的回答不尽相同，却不约而同地在不同程度上反映出了他们自己的心理与需求。有一个单亲家庭的女孩子回答：“我想要做的第一件事情就是帮妈妈买一栋大房子，再把二十年的保险费用全部缴清。因为我不想看到妈妈每年到了圣诞节就要节衣缩食，把省下来的钱拿来买礼物，我不想看到妈妈那么苛刻自己，不想看到妈妈的头发因为愁钱的问题而一点一点地变白。我还要请一个看护照顾妈妈的起居生活，让妈妈过得比任何人都幸福。”还有一位家境比较好的小男孩回答："假如我有一千万，我会自己盖一栋大大的别墅，完全按照自己的设计兴建，最重要的是有透明的玻璃天窗，我可以躺在床上看着天空，数星星"。

孩子毕竟是孩子，他们的想法纯真到目前正过着什么样的生活，就往哪方面产生最直接的答案。孩子们的想法充满幻想，但其中的原始想法，做家长的一定不能忽略，因为这其中就包含着孩子日后可能的发展方向。如果父母能够提早看出来，就更能明白应该往哪一个方向培养自己的孩子，让他能够在完成自己心愿的过程中，同时享受心灵的幸福感。你不妨也抽个时间问问自己的孩子们"假如你有一千万"这个问题。从问题中，父母可以探索理解孩子的金钱观、价值观，甚至是人生观。问题问得好，以上的答案就都会出来了。

第五章

生活理财教室：这样学习最有趣

第一节　吃汉堡学经济

生活中真的到处都是学习教室，比方说麦当劳吧。

我的这对子女很喜欢麦当劳，当然借助玩具促销是很大原因之一。我自然不会放弃这个教育的机会。麦当劳能教孩子什么财务知识呢？有的。

“爸爸，一个汉堡有这么复杂吗？”有一次，我下了班就带着保罗和塞丽娜外食这家快餐店。

“保罗，你说对了，汉堡里面不只有火腿、蛋、番茄、牛肉这些馅料哟，你还会看到很多不同的事情哟！”

“爸，是什么呀？”塞丽娜好奇地问。

“可以从汉堡中知道一个国家的币值汇率是否被高估或是低估，而且也可以看出这个国家的经济状况呢。”

“为什么呢？”两个孩子一起问我。

“因为有专家发明了所谓‘汉堡指数’的简易指标。简单地说，根据‘购买力平价’（PPP）的概念——你们听不懂这名词没关系——就是说，理论上，一美元应该在任何国家都能买到同样多的东西，对吗？包括麦当劳的汉堡。”我尽量简单地解释。

“是呀！”两人很有默契地回答。

“所以啰，若将某国的巨无霸汉堡价格换算成美元，就可反映当地货币兑美元的合理性。如果某地的巨无霸售价低于美国，意味着当地货币相对美元的汇率被低估，反之则是高估。懂了吗？”

“爸，你说得很清楚！”聪明的保罗一向有很好的理解力。

“嗯，很好，就拿冰岛来说，当金融风暴来临时，国家财务陷入危机，根据计算，原本在冰岛一个巨无霸要卖650克朗，但假如还要多个两成获利，那就必须涨到700到800克朗，可是这样一来，冰岛的麦当劳卖的就是全世界最贵的巨无霸了。当然，吃得起的人变少了，后来麦当劳只好离开冰岛了。”

“那冰岛的小朋友就吃不到巨无霸了？”塞丽娜问。

“是呀，因为麦当劳要退出呀！”我知道他们听懂了。

生活中随处可见的小事物都可成为让孩子们理解财务知识的好工具，不只是个人的财务观念，甚至连经济层面的知识也能通过简单的事加以理解。许多父母喜欢带孩子去国外旅行，这些旅游的机会确实有益于拓宽孩子的视野，但做父母的也别忘记利用这样的机会，从小地方比较不同国家的经济，这绝对有助于孩子财商观念的建立与提升。

第二节　少年巴菲特的启示

世界排名第二的富豪华伦·巴菲特接受 CNBC 电视台专访时指出，他 11 岁就开始买第一只股票，但现在还是很后悔地说“太晚买了!”到了 14 岁时，巴菲特就用他从小送报纸所赚的钱买了一个小农场。其实投资之神巴菲特的赚钱基因从更小的时候就可以看出来，6 岁的他就懂得向邻居卖口香糖、汽水来赚取零用钱，8 岁时就开始读起父亲的股市书籍，而且据说他 10 岁的生日礼物是参观华尔街。所谓“人不理财，财不理人”，提早“理”钱的巴菲特，当然钱也就不敢不理他了。

童年的我们在做什么？恐怕还在伸手向父母要零用钱。但令人难以相信，这就是世界富豪的小时候，11 岁买股票，14 岁买地产。很多人都会质疑，真的是他自己买的吗？没有错，原来 10 岁时巴菲特就对投资股票入了迷，他像成年人一样，努力学习掌握股票的跌涨规律，在研究一年后，购买了三股公共设施的公司股票，每股38美元，当升值到40美元时，他就抛了出去，除掉手续费，共赚了5美元。

再如知名品牌宜家家居（IKEA）的创办人英格瓦·坎普拉（Ingvar Kamprad），他小时候就骑着脚踏车叫卖火柴、铅笔、鱼等商品，很早就懂得大量购买火柴，这样就算便宜售出，仍然有利润获得。这些富裕人士往往都有很早启蒙的财务观念。

我的东方友人有一次在聊天时说到东方国家的人深信"有土斯有财"的理论，很多有钱人发财都是靠地产、房产，在香港十个富豪有九个是靠地产发财的。早慧的巴菲特也没错过土地这项投资工具。1944年，14岁的巴菲特用自己打工攒下的1200美元在内布拉斯加的西北边买了四十英亩未开垦的农田，然后转手租给一个农田承包人，这跟目前亚洲、北美常见的包租工好像没有两样，但巴菲特在14岁就做了。

令人好奇的是，巴菲特怎么会如此了解投资工具，尤其是在十多岁的青少年阶段，无论说他是财务天才还是兴趣使然，重点在于他不但了解而且还付出了实际行动。想一想，在我们的青少年阶段，我们做些什么，好像就只会补习、读书、考试，偶尔谈个小恋爱，零用钱拿到手就花掉。相较来说，经营财富有成就的人想法真的跟一般人不同吧，而我们可以从他们身上观摩学习到成功的启示——理财知识的提早起步。

友人说，香港在近年暑假期间居然出现一种补习班，教导小朋友认识投资工具，并举行投资的模拟竞赛。很令人惊讶的是，很多父母花钱送小孩去上这类课程，四到五小时要收800到1000港币不等的学费。有记者曾问受访的家长说：**“会不会担心小孩上理财课后会变得比较现实?”**一些家长表示，难道要等小孩长大后，从失败的经验中学习吗？真是有趣又务实的答案。

香港金融业先进发达，人民具有多元的投资渠道，但是主要的投资工具仍是基金、股票与房子。不幸的是，2008年的夏天，全球爆发金融危机，紧接着雷曼兄弟宣布破产，香港社会可说是受到严重波及。根据香港金融管理局的统计，香港迷你债券投资者人数超过3.3万人，投资金额高达14.36亿美元，其中有不少是上班族的退休金，一时之间却全部变不见了，很多人的生活受到严重影响，对未来感到恐惧，所以，这个时候的香港出现了儿童理财课程。

这样的儿童理财课程可以收到多少效果，令大家关切。但是多数上过课的孩子反映很好。业者表示，儿童理财课程的设计就是透过不同的情景扮演，培养孩子学习金钱概念，从小了解各项理财工具及风险，最好能让孩子成为自己人生的 Financial Planner（理财规划顾问）。这类课程确实有其必要性，因为许多父母都忙于工作赚钱，没有时间自己教导孩子。其实类似的课程内容并不难，家长利用空暇时间，在家中就可以与孩子一边游戏、一边学习。

我所居住的社区的父母们经常互相讨论，该如何教育子女理财？其实，生活中的许多事物，都可以通过简单扼要的解说，带领孩子进入财务的世界。比如信用卡、股票等，都有许多的信息可与子女分享。当然，从游戏中体会财务世界是对孩子寓教于乐进行启蒙的最好方式。

第三节　游戏是最佳学习工具

“哇，‘命运’——这是你的生日，向每人收取礼金 1000

元，真酷！”翻到好牌的保罗高兴地说。

“太好了，终于让我走到22街了，我要买这里的地。”接着塞丽娜像是个大富豪般地出口就要买地。

“什么？整修自己所有房屋，房屋每栋250元，旅馆每栋1000元，惨了，这下要抵押借款了，我要变穷人了。”刚刚才得意洋洋的保罗似乎有了麻烦，一下子就愁眉苦脸起来。

“怎么会又经过你的地盘，这样缴过路费，我很快就会破产了，我等下一定要多买些地，收过路费。”似乎仍然不顺的保罗，不高兴地跟妹妹塞丽娜抱怨。

你玩过大富翁（Monopoly）游戏吗？它是很多人共同的回忆，现在更是逢年过节家人团聚必玩的游戏之一。大富翁反映着你我真实的人生，在数字中求生存，有“机会”，有“命运”，是好是坏都必须自己承担。《富爸爸穷爸爸》系列畅销书作家罗伯特·清崎（Robert Kiyosaki）曾经被问到：“你是从哪里学到致富的诀窍的？”他的回答就是：“从小玩‘大富翁游戏’的时候。”

我很喜欢跟我的孩子一起玩大富翁的游戏，它是让孩子接触理财和投资很好的入门工具，在游戏中教导他“钱”

可以做什么用，透过交易活动让他接触到“钱”、使用到“钱”。以置产为例，玩大富翁可以让父母在游戏中进行理财和机会教育，买了地还可以盖房子，盖了房子还可以盖旅馆，这样可以跟别人收更多的过路费。

最后，有人会成为大富翁，也有人会是穷光蛋，至于要成为哪一者，全视游戏过程中玩者的规划和想法而定。玩家除了可以认识货币的交换价值，以及货币投资所能产生的加乘效应外，还可以学习“现金流量”的概念。最重要的是，在游戏过程中与孩子讨论要买地或盖屋时，试着跟他们分析各项交易买卖的利与弊，例如孩子要买房子时，可向他说明买这栋房子的优缺点，“第 5 大道是纽约的精华地段，你可以考虑先在附近买地，下一次经过时就要赶快盖屋”，培养他日后花钱时的事前思考。当然游戏中所设计的“机会”与“命运”两种翻牌，也能让人领悟影响财富经营的因素。大富翁不只是游戏，它蕴含着特殊的游戏策略，可以说是一项益智教材。

大富翁一直是世界上最受欢迎的纸板游戏，它让大部分人得以初窥商业世界的内幕，体会无情的竞争、代价高昂的成本、成功的甜美果实和失败的痛苦滋味。所以，我格外喜欢借大富翁教导孩子了解现实世界的真实面貌，也希望培养出孩子对金钱的独立思考与运用能力。我一点儿也不奢求他们成为大富翁，只希望他们有足以独立生活的财富，而这需要他们从小就懂得赚钱、懂得用钱。

随着科技的进步，小孩们整天都黏在声光化电的科技里面，让父母伤透了脑筋。其实，父母们也可选购含有教育功能的软件游戏，与子女一起玩，并且从旁灌输正确的观念。电子游戏的种类很多，其中有训练游戏者成为企业经营者或是政府首脑的主题，当然也有关于财富观念的游戏类型，比方说有的银行就推出免费在线游戏，内容有模拟工作、购物、打工赚钱、使用信用卡和开户等仿真的设计。玩游戏可不是坏事，只要能做到寓教于乐，就可达到教育的目的了。

第四节　认识价值——推销是个好方法

理财有一门很重要的课程，就是认识价值。有了价值的高低，才有理财的方法选择。我隔壁的小孩朵拉与她母亲的互动经验，就是可供为人父母参考的做法。

跟大多数 17 岁的女孩子一样，假期里，朵拉也经常跟随母亲到超级市场购物，所以她发现了一件事，虽然这个城市的超级市场很多，但是母亲特别喜欢到其中一家超市购物。

“妈咪，为什么你总是到这家来买东西？是因为这里的商品便宜吗？”

母亲说：“又好又便宜的商品呢，在很多超市里都能买到，但是让人觉得亲切又服务周到的推销员就不是每一家超市里都有了。”

“他们的推销员很好吗？有什么特别的？”

“其实也没什么特别的，就是能让人感觉很舒服。”

“因为他们都很热情？”

“我可并不这样认为啊，孩子。妈咪之所以不喜欢去其他的超级市场，有很多时候都是因为那里的推销员太过热情了。你知道，有时候我拿起一件商品只是想看一看，并不是真的想买它，但是如果这个时候，推销员马上很热情地过来一直向你推销，好像不买都不行，虽然也许最后会因为不好意思而把这个商品放进购物篮里面，但回家后再看到这个商品，心里也不会觉得舒服的，自然而然就不会想要再去光临了。还有一些更加热情的店员，你才刚刚走进店门口，他们就跟上来，寸步不离地向你推荐这个、那个，弄得我原本想要买些什么也通通忘记了，这样的购物经验又怎么能称得上愉快呢？”

“那要怎么做才好呢？完全不理你吗？”

“当然不是，如果我想挑选的商品，它有好几种不同款式可供选择，我当然会想要了解这些相仿的商品具体有些什么区别，哪一种性价比更高，哪一种更适合我，若是销售员一问三不知，或者态度不佳，顾客马上就会觉得被冒犯了。”

朵拉皱了皱眉头，说：“热情不好，不热情也不行，究竟该怎么做比较好呢？”

“嗯，据我的切身感受来说，最好的推销员应该是这样的：首先要保持良好的仪表，有足够的耐心，懂得察颜观色、等待时机，当顾客走进店里的时候，可以向顾客亲和地打个招呼，但绝对不要马上推销商品，一定要在顾客主动发问的同时，把握好初步接触的效果，不让顾客觉得受了冷落，也不能话多到让对方觉得很烦。做好‘第一次接触’是销售工作成功的一半，但难度就在于如何选择恰当的时机，这可是考验一个优秀的销售员最重要的条件。”

“这样就行了吗？”

“当然不是了，这还只是开始呢！等顾客走向柜台时，身为推销员一定要集中精力在顾客的举动上，但要与顾客保持一定的距离，不要让顾客产生一种被监视的感觉，一旦有受压迫的感觉，那就容易产生拒斥感了。如果顾客有什么需要你帮助的话，他一定会把眼神从商品上移开，四下张望寻找销售员，这个时候，推销员就要行动迅速，为顾客提供专业的解释和帮助，还有态度一定要亲切才行。”

女儿若有所思地点了点头。

母亲接着说：“作为一名成功的销售员，一定要机灵，学会揣摩顾客的心理，细腻地察颜观色，分析顾客的需求与想法。比如说，如果顾客长时间凝视某一商品，或若有所思，或触摸某一商品一小段时间，先静静等待，等到顾客的眼神与推销员相碰触的时候，这时才是推销员的最佳时机。一个成功的销售员会先做出准确判断，在顾客最需要的时刻出现，提供帮助。比如以大卖场来说，顾客购买的东西太多，销售员就应该立刻提供置物袋，满足其切时的需要。

在推销之前，一定要先通过简洁的询问或是观察，明确顾客喜欢什么样的商品，根据其喜好向顾客推荐最合适的商品，帮忙做出最明智的选择。有些极为谨慎的顾客，即便听了推销员的介绍，仍不会马上决定购买，他们还是会拿起另外的商品进行比较、思考，直到他们对商品产生充分信赖后才会购买。在此过程中，销售员必须尽量提供完整的商品说明，直到顾客心甘情愿地买下商品，认可你的推销。这种细心的顾客通常会对这次愉快的购物经历记忆深刻，对这位专业、热情又不聒噪的推销员留下好印象，还怕他下一次不再来吗？”

“哇，原来推销这么有学问！”

“那当然，还有推销是急不得的，要有耐心。很多顾客一开始的时候并没有足够的决心购买商品，作为推销员需要做的就是让他对于商品有足够的信心，他才会下定决心购买。你推荐给他商品，又能让他感觉像是在帮助自己，他不仅会买你推荐的东西，还会对你产生信任感，以后就会成为回头客了。”

“嗯，回头客再度光临，大家认识久了就是朋友，渐渐就成了人脉关系，这对将来的发展可是很有作用的，真希望我也能够做到。”

“人脉关系？怎么？你对推销很有兴趣？”

“对，我觉得很有意思。”

母亲点了点头，说：“世界上有很多成功的商业人士都是从最基层的推销员做起的，比如全球最大餐饮连锁企业百胜集团（Yum！Brand，Inc.）的执行长戴维·诺瓦克（David Novak）就做过百科全书推销员。推销的经历，让他们获得了很多与人沟通、相处的经验，能锻炼心态和能力，还可以建立众多的人脉关系，为后来的事业成功打下了坚实的基础。这样好了，孩子，如果你真的对推销感兴趣的话，不妨从现在开始就训练一下自己在这方面的能力，说不定咱们家里能出一个小小推销员呢！”

“怎么训练啊？”

“我们来举办个‘模拟推销’吧。你可以将一些自己的日用品或是玩具、衣服、鞋子等等拿出来作为商品，爸爸和我还有一些你的同学、朋友会过来充当顾客，这样你就可以做推销员了。怎么样，宝贝？”

“嗯，是个好主意。我现在就回去收拾我的东西。”

“亲爱的，别忘了你的那条花色丝巾。”

“哦，妈咪，您打它的主意可不是一天两天了。”

就这样，朵拉的个人“跳蚤市场”（Flea Market）就在家的后院里摆起摊来了。商品可谓琳琅满目，从芭比娃娃到棒球卡，从台灯到铅笔盒，还有父母提供的全新日用品，应有尽有。在父母的帮助下，很多邻居家的小朋友都前来捧场。

朵拉热情地向每一位小客人打招呼，先请他们吃点心聊天，放松心情，再到货品区随便挑选，她则面带笑容、静静地站在一边。见朋友简拿起了一个玩偶，还没等她开口，朵拉已经从简的眼神中猜出她想问的问题，马上回答说：“这个玩偶是手工做的，是独一无二的，你绝对找不到相同的玩偶了。”

简点点头问：“多少钱？”

“我一年前买的时候是 8 美元，你要是喜欢的话，五折卖给你，现在买是很划算的。”

简点头同意，很爽快地付了账。

朵拉收下钱后，将自制的收据拿给简时，瞥见邻居家的姐姐拿起一条围巾看看又放下，接着又拿了起来，正打算再放下的时候，她赶紧走过去，说：“姐姐，这条围巾是用纯羊毛编织的，很暖和。”

“哦，我想，它可能不太适合我。”

“那不要紧，”见姐姐的眼神瞟到另一条围巾，朵拉不疾不徐地拿起镜子，“这条围巾是全新的，我一次都没有系过，它是天蓝色的，很适合你的蓝眼珠。瞧，再配上你这件白色的外套刚刚好，你要是不介意的话，我帮你围上去试试看？”

在朵拉的帮助下，姐姐戴上了那条围巾，在镜子面前一照，果然很好看，于是这笔交易也成功了。

就这样，朵拉的推销进行得很顺利，才一个多钟头的时间，商品就已经销售一大半了。喝下午茶的时候，母亲忍不住称赞她：“做得很好，亲爱的，看起来你做了充分的准备，每一件商品都解答得那么清楚，而且你也很会观察买家的表情，还能适时把握她们的心理。”

“那当然了，我事先做足了功课呢。如果不够专业，万一被顾客问倒了，那就实在太糗了。”

“你真的做得很好，孩子，不过，我好像没有在今天的商品中看见那条花色丝巾啊？”

朵拉咯咯地笑了，她拿出一个礼物盒给了母亲。母亲打开一看，正是那条花色丝巾。

“最好的东西，当然是留给最美丽的人了。谢谢您，20块，夫人。”

朵拉的母亲通过推销进行理财教育，目的就是可以让小孩得到“认识商品价值”的切身感受。当推销者开始定价时，他会考虑出价的高低，什么价位最合宜——既可以有利润，又能让消费者乐意交钱。推销是认识商品价值很好的方式，如果您家中有些不用的陈旧物品，不妨通过同样方式，或是上网拍卖，让子女认识商品世界的定价策略，学会销售的技巧，朵拉的母亲就是很好的榜样。

第五节　消费教材：认识信用卡

理财课的教材，我简单分为“投资”与“消费”两个方面。教育子女，宜先从管理消费开始，毕竟消费与欲望有关，管理欲望是理财成功的关键，而信用卡是很好的生活教育工具。

当我的儿子保罗才两岁半稍微懂得说话时，他就会向家人表达他要“卡”，艾玛问他：“你要‘卡’做什么？”他总是认真地说："我要买东西。"于是我们找尽家中废弃的信用卡、提款卡给他，我们注意到他只要拿到"卡"，就会往家里老旧的录放机插进去，接着手里好像拿着什么东西似的交给来访的祖父，祖父问："这是什么？"他说："钱，可以买东西。"

原来，我有好多次去自动提款机取钱时都带着他，话都还不太会说的他居然全都学起来了。有一回我带他度假，因为少买了一些随身物品，就在下榻饭店隔壁的商店逛逛，结账时，我还在掏包包，在太太怀中的儿子居然把拿在手中的房间卡片主动交给收银员，我想他的意思是要"刷卡"吧！更绝的是，结账员还伸手拿了过去，这才发现不是信用卡，现场一片笑声。

千万不要低估小孩的学习能力，为了帮小小的儿子认识卡片的运用，我会带他去超市购买会员卡，跟他说："你一个礼拜会有5元的零用钱，如果帮忙做家事，或是表现好，我会再帮你存一块钱进这张卡里，到时你到超市就可以买自己想吃、想玩的东西了。"对于自己晋升为有卡一族，儿子一脸开心的模样，小心翼翼地把卡存放了起来。

过了几个月，儿子对超市有限的物品看得厌倦了，一天他明白表示："这些东西我都不喜欢，我想再到别家店去看看。"我当下觉得他终于买到无法可买的地步，正暗暗高兴，结果没有想到他居然走到隔壁的玩具商场，说："爸爸，这个很可爱，买给我吧！"我怔了一下回答："可是你的钱都在会员卡里，这里不是超市，不能用会员卡，没办法买东西了，对不起。"接下来，一脸失望的他久久默不作声。

回到家后，我们觉得儿子长大了，可能需要用另外的方式来教他使用金钱，于是我们决定成为他的行动银行和行动信用卡：只要不是在超市消费，就由我们拿钱让他自己付账，但有金额上的限制，一天不得超过 5 元，一周不得超过 20 元，如果超过了就得从下个星期的零用钱里扣款。那么，成效如何呢？

刚刚实施的第一个月，我们几乎每隔几天都得跟他理论或起争执；"这个东西超过 5 元了，我们说好的，你自己存够钱才能买。"或是"不如下个星期再来买吧？"或是"你昨天才买东西，要等一周才有钱再消费哟！"正因为他还不太懂借钱付利息的道理，所以我跟太太尽量用金融卡的原理——有钱才可以消费，来控制他的消费行为，希望他随着慢慢长大，更懂得社会运作的模式。等到孩子再大一些，我们要教导孩子使用信用卡，以父母当作银行的角色，让他们从信用卡中学习如何花钱，以及认识利息的高低。

想想看，较早在父母的帮助下正确地使用信用卡，远比孩子离家念书后，以他们的喜好任意消费好得多。不妨让他们在接触到信用卡前，好好地正视正确的消费观。

当我女儿塞丽娜 12 岁大时，一天放学后她拿着一张街头传单，回到家便直接闯进我的书房，兴奋地说："爸爸，你看这个。"

我接过女儿手里的传单看了看，见是一张关于鼓励民众使用银行信用卡的宣传单。

"爸爸，什么是信用卡呀?"

"嗯，信用卡就是一种非现金交易付款的方式。"

我从自己的钱包里拿出一张信用卡，递给女儿，"这就是信用卡，我们称它为'塑料货币'。"

"每个人都可以申请吗?"

"每家银行的条件不同。一般是由银行或信用卡公司依照申请人的银行往来信用与财力发给持卡人，大致来说，财产越多、收入越丰，越容易申请到，而且申请的额度也会越高。”

“怎么使用呢?”

“有了这张塑料货币的持卡人，使用信用卡消费的时候不需要支付现金，等到结账日前再还款给银行或信用卡公司。简单地说，就是银行先把钱借给你，你在指定期限内还给银行，这就叫做信贷服务。”

“就是借钱消费喽?”

“嗯，差不多是这个意思。”

“酷，那可以说是一件绝对的好事了！是银行给的福利吗?”

“福利? 哦，不，这只是一种促进消费的经济手段，目的就是鼓励民众把存起来的钱领出来消费，并不是福利性质的东西。使用信用卡虽然有很多好处，可以先消费再付钱，但是对于不按期以最低还款额还款的人，银行或信用卡公司还是会向持卡人征收惩罚性的利息和滞纳金，如果你的欠款行为造成恶意透支的情况，还会以诈骗罪论处，那就相当不妙了。”

“那，信用卡是个很危险的东西了，像电视里演的那样，会被追债的坏蛋泼油漆、到家里恐吓吗?”

“当然不是，这种恶性讨债是违法的。那只是电影，我们还是生活在一个法治社会里。”

“是不是每一个人都可以跟银行借钱呢?”

“当然不是了，就像是我们个人借钱给别人时，也还要考虑他的还款能力、信用度和可能性，以免我们借出去的钱付诸流水，银行或者信用卡公司也会在办理你申请的信用卡时，考虑你的诚信度、资产情况。所以，有时候申请信用卡是一件相当繁琐的事情，除了要提供身份证明外，经常还被要求提供工作、财产、财力证明，最重要的是信用往来记录。”

“那我可以申请自己的信用卡吗?”

我打量一下女儿，说:“你的意思是，妈妈给你的零用钱远远不够满足你的消费需求吗?”

“不，我只是觉得用信用卡消费很酷。”

“哦，是的，很酷。但前提是你懂得合理、科学地使用信用卡，而不是盲目使用，让自己变成卡奴。”

“当然，我会听取专业人士的意见，比如您，爸爸。”

“很高兴你能这么想。”

“那么，现在我能申请信用卡了吗?”

我扬了扬眉毛，从自己的档案夹里找出一张申请书，说:

“你先念这一段给我听。”

女儿按照我的要求读了起来：“正卡申请人年龄需至少18岁以上，月收入至少800美元以上……”

我说：“你明白是什么意思吗？”

“明白，就是说，我并不具备申请使用信用卡的条件。”

看着女儿一脸的沮丧，一个念头突然间在我的脑海里闪过。毕竟，在现代经济模式下，每个人的生活都离不开信用卡，它已经成为重要的理财消费工具。让孩子早一点儿接触信用卡并不是件不好的事情，相反地，这很有可能会帮助孩子成为一名理财高手，对以后的生活很有帮助。于是，我决定用自己的方法答允女儿的要求，当然，我并不会滥用权利，违规操作。

“亲爱的，如果你真的想要使用信用卡的话，也不是没有办法。”

听我这样一说，女儿顿时来了精神。

“你要帮我在银行里申请一张信用卡吗，爸爸？”

“不，不是正规的信用卡。”

“那是什么意思？”

“嗯，意思是你将会拥有一张与这张宣传单上功能一样的信用卡，包括申办、使用及各种功能和奖惩制度，唯一不同的是，这张信用卡的发卡单位不是银行也不是信用卡公司，而是爸爸我。”

女儿皱着眉头，表示不解。

“过几天你就知道了。”

等塞丽娜离开房间，我便迫不及待地打电话给我的理财专员，对于孩子的教育问题，我向来都是等不了的。

第三天晚上，我将一张崭新的卡片放在了女儿面前。

“这就是我的信用卡吗?”女儿高兴地抓起这张我特地为她申请的附卡，眉开眼笑，爱不释手。

我伸手取回附卡，“还不是呢，亲爱的，按照规定，你应该先将自己的个人数据、经济情况及还款计划以书面形式交给我，才能开通这张卡。”

“遵命，谢谢您，爸爸!”

很快，女儿就按照我的要求，将资料详细填写完成。

“好的，孩子，现在我要你明白，你已经是这张卡的主人了，可以用这张卡进行消费，只要在每个月的一日前将上个月刷卡的费用还清，就可以享受免利息的待遇。但是如果你过期不还款的话，就会按天数支付利息，还会被罚相应的惩罚金。最后，你一定要记住，你能够得到零用钱的机会还是跟以前一样，但如果能够额外帮助妈妈做家务，帮助我打扫车库、除草，就可以增加收入……”

“好的，爸爸，我知道！”

女儿迫不及待地将卡从我手中抢了过去。

有了这张“信用卡”以后，塞丽娜很是神气，也不整天缠着母亲要零用钱了，而是自己刷卡消费。就这样，很快，一个月的时间过去了。

到了规定的结算日。

晚餐后我将女儿叫到跟前，问：“你使用信用卡已经将近一个月了，感觉怎么样？”

“棒极了！以前我跟朋友逛百货商场的时候，看到一些喜欢的东西，都会因为口袋里没钱而放弃，现在简直棒透了，连买个冰淇淋都可以刷卡，朋友们都很羡慕我呢！”

“很好，孩子，信用卡的确可以让你的消费生活变得简单快捷，带来很大方便。不过，我还是要请你看看这个。”我将女儿这张卡上面所消费的金额全部计算出来，一共是300美元。

“哦，天哪！”

女儿接过账单，眼睛瞪得大大的。

“你还记得，在没有这张卡之前，你每个月的消费额一直维持在100美元以下，照这样看来，上一个月的消费是平常的三倍。”

看到这个数字，女儿自己也很吃惊。虽然她将每一笔消费的日期时间、具体数额都写得清清楚楚，但是她并不记得自己究竟都买了些什么，也没注意到总共要还多少钱。

看着女儿一张沮丧的脸，我问：“是不是后悔使用信用卡了？”

“如果我今天非得还钱不可的话，是的，我有点儿后悔了。”

我笑了笑，说：“放心，银行的政策不会逼得人走投无路，所以，不用担心没法子解决。”

“什么意思？您是说，我可以暂时不还这些钱吗？”

“当然不是。如果你不能马上还清所有钱的话，还有一种还款方式，就是交最低应缴金额，这种方式对你应该是比较有利的。”

“最低应缴金额？”

“是的。为了保持良好的信用记录，如果手头暂时没有那么多钱，你可以选择分期还款，但是每期的还款金额必须大于最低应缴金额，而且要交利息。”

“利息是多少呢？”

“一般少的是10%左右，高的可至30%以上，再加上手续费、违约金等等。”我拿出纸和笔当场算给她看，“若你今天只偿还了100元，到下一个账单日，光是利息算起来，嗯嗯，约略就是5元7角，看起来虽然不多，但是如果你每个月都选择偿还最低还款额度，那么每个月都要多支付利息，永远也还不完，欠款会愈滚愈大，明白吗？”我继续解释，“虽然还最低还款额是非常不智的做法，但总比不还好得多。”

“为什么？”

“因为会造成循环利息不断增加，现在很多银行的存款利息都不到1%，但是信用卡循环利息却经常高达10%，甚至更高，这就可以看出利息的沉重了。要记住，循环信用、弹性缴款是方便持卡人提前享受的一种清偿方式，让你在自己的理财范围内，分月付清消费金额。但是如果只保持每期缴纳最低应缴金额，会误以为还款很轻松，再加上消费习惯若不改变，不懂得量入为出，就会让债愈还愈久，结果到最后才发觉卡债像雪球般越滚越大。欠钱还是早还清早好。”

“我学到教训了，我这个月会努力存钱，希望下一次就能全部缴清。看来，欠债比我想象中更糟糕，但是，就像您说的那样，总是有路可走的。”

“当然，孩子。你能明白这一点，我很高兴。”

“不过，经过这一次的事情，我必须更加小心使用信用卡。还有，我应该在赚钱方面再下一些功夫了，也许我可以用我的信用卡帮妈妈买一些东西，看看她愿不愿意付更多的跑腿费给我，或是爸爸，如果你想要买东西也行，我立刻为你服务，至于跑腿费……”

“呵呵，很好的想法，宝贝，但我需要考虑一下。”

第六节 投资教材：第一次买股票

如果信用卡是教育孩子理财的“消费教材”，那么不可或缺的理财“投资教材”，父母一样也得备齐，才是完整的理财教育。投资的工具很多，可以是基金，可以是任何有价证券，当然还有股票。

我从小就有储蓄的习惯，到了十多岁的时候，已经在抽屉的瓶子里存放了三千多美元。一天，我捧着满瓶的零钱和父亲换钞时，他微笑着对我说："孩子，你存了不少，想不想以钱滚钱？"

"为什么要以钱滚钱？"

"因为你放在身边的钱永远不会变多，但如果你拿出1/3来投资，就可能会赚到更多的钱。"

我的好奇心一下子被激发出来，赶紧黏着爸爸仔细问个究竟。

于是，在爸爸妈妈的陪同下，我借用父亲的账户买了人生的第一只股票，当然还是比股神巴菲特晚啦。那时候，父亲已经在有意无意间告诉了我不少的股票知识，当我们一起选了一只股票后，看盘成了我每天最关心的事情，兴奋地期待着它能大涨。

"爸爸说买股票可以有机会让存款变多，真希望下星期就能看到。"我每天盯着计算机，喃喃自语地说。

自从买了股票后，只要股票涨了，我那天的心情就会特别愉快；一跌下来，一整天便闷闷不乐。我的焦躁行为渐渐引起了父亲的关注。

还记得，有一天股价跌了5%，我急得快要哭了。

“别急，孩子，用平常的心态才能投资股票，做投资就要做好亏损的心理准备，毕竟任何投资都有盈有亏，心态准备好才有更多的机会。只要选的是好股票，它一定会让你赚钱。”

“我们选的不就是好股票吗，为什么会跌？”

“股票市场本来就会有很多不可预测的风险，有涨必有跌，很著名的投资专家彼得·林奇（Peter Lynch）就说过：‘**在这行，如果你很杰出，十次当中你会对了六次，但你绝不可能十次里面对了九次。**’连专家都会有选错的时候，更何况一般民众呢？实际上，在操作时，没有任何一只股票可以永远在最高点，振荡波动的股市才是正常的，现在你要等的是时间。记住，要想赚到钱，一定要有耐心，千万别急。”

父亲又继续提醒我：“只要是基本面好、营运正常的公司股票，不管是三个月还是一年，都值得花时间去等待，不要着急，心平气和才能冷静思考。你若是心情起伏不定急着把股票卖掉，反而可能失去日后更多的利益呢。”我成年以后更注意理财投资，阅读了许多财经书籍，看到股神巴菲特在这行，如果你很杰出，十次当中你会对了六次，但你绝不可能十次里面对了九次。

的一句话就说过：只买那些“**即使市场休市十年，你仍真的乐于持有的股票**”就好。可见选对标的，然后长线投资，才是获利的不二法门。

当时，我听从父亲的教诲，按捺着性子等了三个月，尽量减少每天的看盘时间，以免荒废学业，只在收盘后与父亲讨论。后来扣除手续费等，那只股票的投资报酬率达到了35%。之后的股票操作我几乎只注重公司的收益和营运状况，而不在乎它的名气和过去的股票价格。原本我以为买股票和赌博一样，现在才知道投资股票的学问是如此之大，最重要的是别心浮气躁，只抢短线。

“以钱滚钱的方法有很多，投资股票是常见的一种，但也是最考验人性的一种。因为绝大部分的人在股票狂跌时都不舍得卖，涨翻天的价钱却有一堆人抢着跟进。这就是人性的贪婪作祟，保本与落袋为安才是最重要的，你越不舍得卖，只想卖在最高点，反而风险递增，损失越大。”

父亲替我上的股票投资课深深影响了我日后解决人生各种问题的态度，每当我做任何决定时，都会尽量冷静地多方面思考，不一样的决定及做法，会产生不一样的结果。

我始终感谢我的父母，他们的教育让我当年在同侪之间俨然成为一个出色的“小小理财高手”。他们不是教导我如何成为有钱人，而是让我早一点儿体验到人生必须经历的阶段。就在我16岁那年，他们以这种独特的方式教育我，让我明白“有经验的渔夫不会撒大网，他只研究鱼最可能会在哪儿上钩，然后慢慢等待。”而我也用同样的方法教导保罗和塞丽娜，但跟父亲教导我的有些许的差异。

我并不要求子女在刚接触股票时，就一定要通过耳提面命、耐心等待而最终出售获利。我心里想的是，如果前几次投资便输掉所有的本钱，反而可能是很好的“震撼教育”，领略亏损的痛苦感受。这些学习投资的本钱并不高，即使全部输掉，但上了宝贵的一课，不仅学习到金融市场的游戏规则，还增加了风险意识，同时对自己的财商性格也是很好的训练。这绝对比成年后，尽管本钱雄厚却因经验不足而投资损失惨重，来得有意义多了。所以，既然要以失败换取经验，那就早点儿失败，以一种不会一蹶不振的方式失败。

股市是经济的橱窗，股票则是橱窗里的各种组合风景。股票可能与科技有关，可能与食品有关，也可能与玩具有关，不同公司的股票，可以读出不同的价值与经济意义。带领孩子从事股票投资或是模拟投资（不真正出钱），都可以让孩子理解这些有价证券的意义，因为他们玩的玩具、吃的快餐、穿的衣服，可能都有上市股票。因此，通过股票完全可以向子女解读日常生活的种种变化。

第六章
孩子该懂的两件事：变化与规划

第一节　风险：让孩子知道牛顿的故事

有一天从学校回家后，我看见保罗正低着头看书。

“保罗，你在读什么书?”保罗很喜欢阅读课外书籍，我们给他买的故事书已经堆满了他的房间。

“我在读科学家牛顿的故事。”保罗没抬头地回答我。

“有什么心得吗？对牛顿有认识了吗?”

“书上说，牛顿是伟大的科学家，发现了万有引力、天体运行的原理。还说他坐在苹果树下打瞌睡，结果苹果掉下来打到他的头，让他有了启发。”保罗读着书上的文字告诉我。

“没错，那是科学界的牛顿。但是牛顿也曾经出错过哟，伟大的人一样会犯错的，尤其是在理财方面。”

保罗抬起头问我：“牛顿做错什么了吗?”

学过经济史的人应该会知道牛顿曾经投资过股票。

“哦，那是在18世纪初期，牛顿买了一家叫南海公司的股票，不过只涨了一点儿就卖了，可卖了后股票继续涨个不停，这时候呀，牛顿心想怎么这么早就卖掉了呢，于是就又买进，当然价钱比之前更高。但是这些都是炒作出来的泡沫，股价在短短半年间就上涨了七八倍。英国国会看到大家都在炒股票，追捧股价，于是就通过了《泡沫法案》，管理当时许多的投机公司。这样一来，股票价格就像溜滑梯，越来越低，很多追高购买者都赔了不少钱。根据统计，牛顿赔了两万多英镑，在那个时候这是很大的一笔钱。'经济泡沫'这个名词也是从这里起源的。"

"爸爸，牛顿这么聪明，怎么也会跟大家一样呢？"

"没有人能真正准确无误地预测经济的变化，所以，后来牛顿就说了一句非常有名的话哟。"

"什么话？"

"牛顿说：'**我可以计算出天体运行的轨迹，却算不出人性的疯狂**。'理财投资，最需警惕的就是自己的贪婪以及不理性。就像股神巴菲特说的：'**股市没有真理，反映的是投资心理**。'所以，保罗，要记得这个故事，长大以后要投资的时候一定要认清楚哟。"

"知道了，否则就会像牛一样钝了。"保罗似有所悟地对我说。

虽然要经常灌输给孩子正面美好的观念，但是人性的贪婪、疯狂与不理性也要适度告知小孩。尤其在理财的世界

> 我可以计算出天体运行的轨迹，却算不出人性的疯狂。

里，风险固然是大环境的经济荣枯所致，但是人性往往才是真正幕后的事发根由。教孩子理解人性的不完美，告诉他们理财投资世界里的变化经常是突如其来的，就是帮助他们建立完美的人生。当然，我也希望保罗真的听懂了这堂牛顿的理财课。

第二节　千万不能成“负翁”

风险往往来自于不可预期的变化，超出了我们能力的变化，就可能让自己在风暴中受害。所以平日一定要懂得计划性分配，千万不可没有任何计划地过日子。

如果有人问，**理财的第一铁律是什么？我的答案就是“负债比”（liability ratio）**。简单地说，负债总额/资产总额，就是负债比。这是管理财务的规划与变化时，最要慎重对待的一件事。

有一天，小女儿塞丽娜问我：“辛迪阿姨的家里有花园，为什么我们家没有花园？”辛迪是一个远房亲戚，靠着经商致富，住在一栋豪宅里，我曾经带着孩子去聚餐过几次。

“因为辛迪阿姨的收入多，所以可以买得起有花园的房子呀。”我简单地解释。

“哦，那你赚的钱也可以买这么大的房子吗？”塞丽娜继续问。

“除非跟银行借钱，而且还要看银行愿不愿意借我这么多钱，”我放下手边的作业回答她说，“不是每个人都可以从银行借到钱哟！”

“那你可以借借看呀，因为我好想在花园里玩呀。”

“哦，可是爸爸假如跟银行借了很多钱买大房子，就要付很多利息给银行，而且爸爸的薪水有好大的部分就要给银行了。”

塞丽娜又问：“那会怎么样？”

“那以后可能每年的寒暑假就不能带你和保罗去旅行了，而且你和保罗上的钢琴课以及小提琴课都不能再上了。”我试着解释，“你想嘛，假如爸爸赚10元，因为跟银行借钱买大房子，所以呀，10元里面就可能要给银行4元还债，那只剩下6元，就不够用在其他地方了。所以，虽然住进了大房子，但可能其他的地方钱就不够用了，生活的质量反而会变差啊。而且，万一爸爸的收入变少，连4元都赚不到了，银行又来要钱，你说怎么办？”

理财的第一铁律是什么？我的答案就是“负债比”（liability ratio）。

“那就惨了，那银行来的时候，你是不是要躲起来？”塞丽娜有点儿失望。

“呵呵，不能躲起来，还是要还。这时候，爸爸赚得少，付出去的多，钱就会不够了，那银行可能就会把房子收走哟。所以，有多少能力，做多少事情，不能随便借钱买东西，知道吗？”

“知道了，以后我帮你赚钱，大家一起努力买。”本来沮丧的塞丽娜眼睛忽然又亮了起来。

东西方社会的用钱观念相差很大，东方民族习惯先存钱、后消费，一分一毫都要存，强调“量入为出”；可是西方民族则先消费、后付款，喜欢预支，然后一处理不好就变成严重透支，金融海啸就是这么产生的。所以，在美国社会里，银行有存款的多数是黄皮肤的华人，而白人、黑人的银行账户里几乎没有存款，他们跟银行打交道多数是为了借款。

别羡慕美国人的奢华生活，因为奢华生活的背后是一辈子都还不完的贷款——房贷、车贷、学费贷款、家具贷款。美国知名主持人欧普拉（Oprah Winfrey）的节目深受人们喜爱，其中有一个系列就是专为美国贷款家庭进行理财分析与规划的。

有一对夫妻年收入是 9 万美元，他们有不错的工作，有一栋价值 35 万美元的房子，家里布置得很漂亮，有一架很棒的钢琴、一台很大的电视，有一辆 BMW 的跑车，还有一辆顶级的休旅车。但他们身上的贷款也很惊人，除了房贷之外，还有 11 万美元的消费性贷款。最可怕的是，这对夫妻觉得自己很贫穷，却依然过着十分奢侈的生活，几乎是疯狂地购物，买一堆用不上的东西。更糟的是，他们一个 7 岁、一个 5 岁的小孩正在耳濡目染中。难怪金融海啸时破产领失业救济金的人数如此庞大，大环境不佳固然是原因，但平常的花费过度也是重要因素。

孩子的模仿力很强，父母的理财观念直接影响着小孩的理财观念，你如何花钱，小孩就如何花钱，所以，想要小孩有更好的用钱习惯、更好的生活，做父母的人就必须自己以身作则，给孩子一个好的榜样。专家提醒我们，父母是孩子的第一个老师，身为父母，对于孩子的生活和事业都扮演着举足轻重的角色，良好的身教，是影响孩子人格发展的关键，是孩子人生中最宝贵的资产。父母对孩子的身教比言教更为重要，要孩子将来如何，就要先从我们自己做起，自己有良好的理财习惯，凡事量入为出，按照计划行事，孩子自然也会养成同样的习惯。

第三节　莫扎特的启示：贝拉母亲的建议

你是否曾注意到孩子有无独立而合理地安排零用钱的开支？有没有养成“节流”的习惯？孩子正用哪些渠道开源？你给孩子一张附卡吗？他们知道怎样正确使用信用卡吗？

现在有不少银行针对高中毕业的学生推出了有限定额度的信用卡，但毕竟大部分学生对于花费比较没有控制力，亦缺乏计划性，难免过度消费，结果最后得要父母出面解决，或者较有责任心、不敢让父母操心的，就选择默默做一个小“卡奴”。

贝拉是来自威斯康辛州的女大学生，父母从事帽子饰品的经销生意，家里经济条件不错，但她仍坚持延迟一年入学，等到自己攒到足够的大学学费和生活费才离家。在打工赚钱的一年中，贝拉不时向母亲请教理财知识，甚至和父母商量后，选择将来在学校主修财经课程。

贝拉跟我聊过她父母给的理财建议：

一、**出门少带现金，花钱较有节制**。“我发现每次出门逛街钱包一打开，里面的钱一定会花光，所以我通常只从提款机领取少许的钱，控制自己的开支。就算和朋友约好去酒吧，也会尽量选择有‘女士之夜’的店，因为有折扣的优惠。”贝拉说。

二、**有计划性的合理消费为上策**。“因为我答应父母，高中毕业后的零用钱必须靠自己赚，因此我必须合理控制消费支出，比如买衣服，我会尽量上网比价，通常在6月和12月的折扣最低，还有我也常逛跳蚤市场。一些学生毕业后会把旧书全部出清，像我以后要用的书籍就是从二手书摊上发现的，价格非常便宜。”贝拉提出了她精打细算的做法。

三、**兼差增加收入**。“对喜欢喝咖啡的我来说，在咖啡店打工是自然而然的选择。我每周上班四次，一次做足八个小时便有60美元，一个礼拜便有240元，差不多相当于我每月生活费的三分之一。但是我还要存大学学费，所以我另外找时薪15元的保姆工作，扣除掉来回车费，一个星期可以多赚100元。后来，我请母亲在店里张贴广告，不久又多了两个保姆工作机会，所以后来一个月的总收入可以超过2000元。”贝拉的母亲提醒她，如果可以好好分配时间，就可以多兼一份差事。她听进了母亲的话，利用了课余时间，多兼了几份差事，也因此增加了她的经济收入。

四、开设独立的银行账户。当父母到银行办理开户或是到银行存取钱的时候，不妨把孩子也带上，让他们观摩、参与，让他们慢慢学会开户、存款以及提款的相关流程，并且和孩子一起了解银行定期寄来的各种定期定额对账单、投资报表等等，这样孩子可以亲身感受复利的效果，也能培养他们合理处理各种账单的能力。

贝拉说，这是她父母培养她理财的重要做法，让她从各种明细中，读出财务的变化，好控管自己的支出。

贝拉说，从小她的母亲就讲音乐神童莫扎特的故事给她听。莫扎特生前经常借贷度日，过世后甚至被葬在贫民公墓，人们可能认为这位天才终身贫穷，但实际不是，事实上他的收入非常优厚。例如钢琴的授课费用，以荷兰货币单位盾（guilder）来说，莫扎特一节课收费 2 盾，而当时一般女佣、仆人的年收入不过为 12 盾左右；如果演奏钢琴的话，根据计算，一次的音乐演奏约可获得 1000 盾的报酬，这是很高的收入水平。但可惜的是，音乐天才莫扎特在财务管理上表现不及格，所以莫扎特债台高筑。贝拉的母亲总告诫她，就算拥有高收入，但如果没有收支平衡的概念，也可能变得跟莫扎特一样。

贝拉的母亲确实给了她很好的理财教育。仔细分析起来，有开源，也有节流，而且还利用实际的建议带领孩子提早进入理财世界。贝拉还说，母亲告诉她“确实存下来的钱才是资产”，所以她尽量存钱以备日后的需求。没错，简单说，理财最重要的方式是弄清楚“口袋里的钱”和“预备支付的钱”的差别。一旦他们可以清楚规划两类钱，他们就会尽力去增加净收入，这是走上成功的最好办法。不断地往增加收入前进，资产就会不断增加。

摆脱经济上对父母的依赖性，是培养孩子迈向成功人生并获得丰富的社会阅历最重要的一大步。不过还是要提醒他们，不能只为了赚钱而把重心摆在一边，例如学校的课业，有的孩子甚至因为工作导致健康不佳。家长们要注意的是，即便希望孩子懂得独立自主、自食其力，同时也要关注孩子是否出售自己的时间只注重当前赚的钱，而忽视了重要的课业学习和经验积累，甚至牺牲健康，本末倒置。权衡轻重的提醒也是望子成富的父母们的责任。

第四节　别让零用钱睡着，父母可以做的事

在子女经济独立之前，零用钱是亲子间最重要的金钱联系，如何透过这层关系让子女拥有正确的财务观念且增进亲子关系有深入认识的必要。零用钱是父母可以用来调整孩子的收入和支出行为，同时让孩子学会使用金钱的重要工具。而父母为子女们创造一些通过劳动获得零用钱的方式，已是愈来愈平常的一种教育方式。但要注意给的报酬不宜过高，并且要尽量从“计划支出”的角度，教育孩子正确使用零用钱。

有些亚洲父母可能会用金钱当诱饵，借此达到激励子女考试得高分的目的，这并不是一种很明智的做法，相反地，这很容易让孩子们产生“功利导向”的错误学习目的。零用钱可以发挥的教育功能很大，千万别让零用钱睡着，而是要活用它带来的功能。对于孩子如何合理花用零用钱，父母不妨思考以下几个方面：

一、零用钱的定义本来仅仅是以备不时之需或小额的必要花费，但还要思考，有哪些可以事前计划分配的零用

钱用途?

二、除了由父母给予的基本零用钱，还有哪些途径可以由孩子自己赚?

三、赚取零用钱的目的，以及包括其他重要活动（如学业）在内该如何合理分配生活的重心?

四、零用钱怎样花才有意义?

五、零用钱不是成长阶段的财富证明，如何才能将它作为习得商业知识的重要工具?

有一个统计说，有高达86%的孩子表示自己每天都有零用钱。这当然是针对经济发达国家的调查。其中每天零用钱1美元的占大多数，约为总数的72%。正是因为每天的零用钱看起来不多，孩子们便很少关注理财，家长在其支出上也很少进行有效的指导。对于父母每天给的零用钱，孩子们支配起来都很简单，几乎九成以上孩子的选择都是用这些钱随意购买自己喜欢的东西。然而，父母要形塑孩子的财商知识，就要有妥善的零用钱策略。

第一，定期给孩子一定量的零用钱。比如约定每个月的第一天发一次零用钱，并且告诉孩子在下次发零用钱之前，不可以再要，但一定会按时发放。刚开始的时候周期可以定得短一些，可以约定七天为一个周期，之后逐渐把时间拉长为两个星期、三个星期等等，随着孩子年龄的不断增大，间隔时间也应该越来越长，但零用钱的数量也应该按照比例进行相应的增加。

第二，利用零用钱培养孩子记账的习惯。父母可以在发放孩子零用钱的时候，同时送给孩子一个记账本，要孩子先把未来一段时间内所需要花费的各种项目记录下来，额外的支出也要随后在账本上一一进行记录，用这样的方式帮助孩子养成记账的习惯。最重要的是，家长一定要发挥监督的作用。一段时间以后，家长可以依照这份资金流量表，检视孩子的消费倾向，了解他对金钱的价值观与感受，万一发现偏差，也可以适时纠正。

第三，要培养孩子的储蓄观念。如果孩子习惯毫无节制地花钱，作为家长，不妨让孩子在花钱之前先想一想，过完这一周期，钱还够不够用？如果发生特殊情况该怎么办？不要担心孩子会因此闹情绪，不成熟的孩子，正需要强力的辅导，甚至是硬性强迫规定，才可能逐渐养成储蓄的习惯，以避免孩子有过度消费的行为。同时，协助孩子建立零存整付的观念，比如以一点一滴的小钱储蓄成一笔金额时，就可以拿去银行定存，由此让孩子建立储蓄的习惯。

第四，要帮助孩子建立自己的理财目标。树立目标是为了更好地理解钱与目的之间的关系，从中可以了解两者的距离与落差。家长可以把概念讲解给孩子听，然后家长可以询问孩子储蓄是否是想要达成某种目标，比如说是买一台游戏机、某个玩具等等，帮助他从每个月的零用钱中规划出一个时间表，估计大约花多少时间可以达到梦想，建立孩子的理财目标及投资观念。

父母如果能在子女小学阶段就培养他们的储蓄能力，通过每星期给予零用钱的方式，然后以此建议子女拟定消费或理财计划，例如一起计划预算 3 至 6 个月的目标，这样就能树立预算的概念，强化储蓄的意愿。但切记不需一次给太多的零用钱，尤其要避免取消计划，或随意以借口增加或减少零用钱，例如学校成绩等，否则就破坏了零用钱的教育意义。

零用钱确实是很好的理财启蒙教育工具，除了能教育子女如何开源节流以及按照需要做好规划以外，甚至可以利用各种机会教育让零用钱衍生出更多的财务知识，使孩子尽早体验，比如利息。

我的老朋友柯特是一位个性开朗、作风开明的人。他对孩子们的唯一要求是，在课后时间尽量发展自己喜欢的事情。他的女儿伯妮对计算机兴趣极高，上个月她向爸爸表示想买一台苹果计算机，虽然自己有一些存款，但是还差500元，问他怎么办。

“你平时打工的存款呢？”说实在的，柯特回忆起当时听到女儿打算用自己的存款，而不是伸手向父母要钱时，还暗自高兴了一番。

“我已经算好了，但如果再找一份零工，将会影响到我的学校课业。我不想因为赚钱而怠慢了学业。”

“所以你打算怎么做？”

“我想向爸爸借这笔钱，再分期还你。”

柯特虽点点头，但还是一本正经地告诉女儿，父母可以借钱给她，但是她必须要支付利息。

“付利息？”

柯特打开计算机，用网络银行的房贷公式当作例子，“利息是指欠钱的人为了补偿借钱的人所衍生的补偿性费用，简单地说，你可以把利息当作是借钱所需付的费用。例如我们当初搬家买房时，向银行借了10万元，但银行为什么要借钱给我们呢？是因为银行绝不会做无本生意，他们除了要求我们按月归还一部分借款外，还会要求一起支付利息钱，像我们每月还银行房贷的钱，里面有一部分就是给银行的利息。”柯特和女儿从网上查到贷款利率的数据，同意如果女儿能够以3%的年利率支付利息给父母，她就可以先借到钱。

伯妮仔细算算，发现就算要付利息，应该打工一阵子就能把钱还清，觉得3%的利息并不算高，便开心地答应了父亲的提议。

虽然当时柯特在事业上和现在一样成功，但他和太太并不打算让孩子过着一劳永逸的生活。尤其是经济风暴的发生，几乎让他们的一大笔养老金计划成为泡影，看样子孩子们日后的退休金只能靠自己赚了。一点点的利息钱对柯特来说根本不算什么，但是从这样的体验中，他可以让女儿体会天下没有不劳而获的道理。**向别人借钱，就必须付出一定的代价，即便是自己的家人**。家长们应该尽量把这种教育方式活用在生活上，因为如果你想让子女得到一个有保障的未来，他们就得先知道这个社会的游戏规则。

向父母以借贷的方式寻求“融资”，很多小孩为了心爱向别人借钱，就必须付出一定的代价，即便是自己的家人。

的礼物很有可能这么开口。所以，家长们应当利用机会教育，因材施教。如果你的孩子对于理财的兴趣不浓，别急，机会总会来的。当然，孩子也会因为多了借贷关系，更审慎地规划自己的财务分配与计划。零用钱不只是零用钱，从中找出培养子女理财的好观念是欧美父母的教育做法，值得每一位父母思考。

第五节　认识税务：摩根财团创始人的教育

一天晚上，从事税务工作的会计师克莱门特刚洗完澡走出来，就发现念十三年级的儿子正坐在自己的书桌前，拿着一张单据一本正经地研究着。克莱门特饶有兴致地坐过来问儿子在看什么，儿子皱了皱眉头。

“爸爸，这是你的纳税申报表？你赚的钱都是辛苦得来的，为什么还要缴所得税呢？这是什么道理？”

“这是个人所得税，让我解释给你听，孩子。”克莱门特拍拍他的肩，“所谓纳税，就是每一个公民把自己财产的一部分，按照一定的比例缴给税务机关，然后政府就依靠这些钱编制国家预算。”

“没有其他收入来源吗？”

“国家的收入来源包括税收和公营企业、公共事业收入及其他收入，但主要来自于税收，这样才有钱编制预算。”

“国家预算？”

“是的，要编制的种类太多了，教育、经济、建设、公共卫生、外交、军事、基本公务人员的薪资，用来保障我们每个公民的各项权利，所以纳税是每一个成年人应尽的义务。这笔钱并不是给别人了，而是交给州政府，如果政府没有税收，那给大家使用的公共设施或是福利，就无法开展了。所以，最后还是会用在我们自己身上。就像是在家里，爸爸会把自己的薪水交给妈妈，妈妈就会用这些钱缴纳水电费，给我们买食物、衣服、生活用品，以此保障我们这个家的正常运转，让我们每一个家庭成员都能在这个家庭环境中成长、生活。明白了吗，我的孩子？”

“那，你所说的按照一定的比例又是怎么回事？有没有固定的标准？”

“标准？哦，当然。在每个国家，税收都有自己的标准，这是根据不同的国情来制定的。按照美国的法规，每个纳税人每年都要在纳税申报截止日之前填写纳税申报表，向国税局申报一年来的收入，并按规定缴纳个人所得税。假设一个单身、有职业的人一年应税收入为24000美元，那么按规定他必须缴纳所得税3600美元左右。如果没有正当原因或特殊理由，过了申报期还不申报并付税就是违法，不仅如此，不诚实纳税对他日后的生活还会造成很大的影响。因此，对大多数在美国工作的本国人和外国人而言，诚实纳税是一定要尽的义务和责任，事实上也是为了自己日后有良好的信用记录考虑。”

“在美国的外国人也要缴税？”

“当然，连拥有美国居留权的外国人也要申报美国境外的资产，否则最高将被处罚相当于逃税额50%的罚金，这是非常大的一笔金额。”

“我曾经在电视节目上看过逃税的人，下场通常会很惨，那是真的吗？”

“没错，逃税者被查到后被判刑和罚款的案例，常会以醒目的黑体字在国税局的网页上公示，以引起人们的重视。更要注意的是，逃税者的不良记录会使他日后的工作和生活遇到很多困难，因为美国是一个非常讲究信用的国家，一个人的信用度高低对他找工作和申请借贷有很大的影响。例如贷款是一般美国人最普遍的消费方式，买车、买房子等基本需求都靠银行贷款，如果一个人在纳税方面有瑕疵记录，银行将一直保留这方面的记录，这样他就很难再在银行贷到款，那么，他所有的理想就可能是一个永远也实现不了的美梦了。”

“美国的税收是最高的吗？”

“不，就我所知，全世界税收最高的国家是瑞典，这是公认的，因为瑞典的税收比例高达国民收入的51.9%，也就是说，作为瑞典公民，每个人收入的一半以上都要纳税。”

“这样合理吗？那么瑞典人没有提出抗议吗？”

“嗯，你要明白，孩子，税收不管是多还是少，最后都是取之于民用之于民。瑞典的税收是全世界最高的，而瑞典的福利也是全世界最好的。比如说，万一生病在家，也可以照拿90%的工资。你想呀，如果上学、看病都不用花钱，老了还由国家养你，不工作的人可以领到每月6000克朗的社会救济金，这样一来，你觉得还会有多少人反对呢？”

“那在瑞典工作一定不是一件令人愉快的事情。”

“你很聪明，我的孩子，不过，当然每个人的想法或许不一样。”

儿子点了点头，说：“除了个人所得税，还有没有什么规定会强行将钱从我的口袋里拿出来呢？”

“那还有很多呢，我聪明的儿子，听我慢慢跟你说，如果你有这个耐心的话。例如你每天用的水、电、天然气等等，就要定期缴纳费用。如果将来你打算买房子，你就要每个月支付房贷，还要承担利息。如果将来你要使用信用卡，就要定期每月还款，否则银行会不断寄信催你还款。当然，将来你还很有可能购买保险、股票、基金，或者国债，以及子女的教育基金，如果你……”

“好了，爸爸，生活是不是真像你说的那么恐怖？照这样说下去，即使我拼命节省也存不了多少钱，不是吗？”

“并不是如此，我的孩子，在我们周围，大多数人似乎都还没有意识到，想做一个真正的有钱人，赚钱的能力与合理分配钱财的能力一样重要。跟你说一个故事：摩根财团的创始人约翰·皮尔庞特·摩根（John Pierpoint Morgan）当年靠卖鸡蛋和开杂货店起家。但是，老摩根致富后却没有放纵溺爱子女。老摩根仍然维持一贯的教育态度，让孩子体会金钱得来不易。他制定规定，孩子每月的零用钱都必须经由从事劳动取得，他的几个孩子也都以做家事来挣取零用钱。老摩根最小的孩子名叫托马斯，因为年纪小常常抢不过几个兄长，有时候连买零食的钱都没有，只好尽量节省过日子。这个时候，老摩根的机会教育是对托马斯说：‘托马斯，你不应该在用钱方面节省，反而应想如何才能找到赚钱的渠道。’受到启发的托马斯开始想了很多点子赚钱，果然零用钱开始多了起来，他也因此明白——在理财中开源与节约一样重要。”

儿子点点头，克莱门特继续说道：“开源，找寻赚钱的渠道，是积极的做法，但真正更重要的是，获取财富之后，该如何做金钱的主人？儿子，我们常听到穷人中了彩票，一下子暴富起来，然而不久就又变穷了，他们虽然得到一大笔财富但很快又回到了起点。美国弗吉尼亚州州立大学有位心理学教授史帝夫·丹尼许（Steve Danish）曾经做过一项研究，就是针对中彩票的得主，观察中奖对其一生的影响，结果发现许多得主尽管有幸运之神降临，但人生最后并没有得到圆满的结局，有的被亲人绑架，有的婚姻不保，也有的挥霍过度，重新变回穷人。我们本应该做自己的主人，却常常沦为金钱的奴隶。这都是因为他们不懂得如何理性地去面对所谓资产，也就是能把钱放进你口袋里的东西，而负债则是把钱从你口袋里取走的手段。

和处理税务及债务，才会导致这样的结局。”

“税务和债务？”

“是的，我的孩子，如果你不能很聪明地解决这些问题，即使你拥有成千上万的资产，也会因为纷杂而麻烦的税务和债务问题弄得自己混乱不已。相反地，如果你能够充实自己处理税务和债务方面必要的知识和才能，即使面对严重的危机，也能有条理地将自己的资产进行债务重组，让自己成功地摆脱困境。而了解税务的相关知识与申报，便能趁机定期检视自己的财务状况。”

见儿子似乎听出些心得，克莱门特说得更起劲儿了：“从税务申报中，可以看到自己的资产与负债状况，这也是很多人一辈子都搞不清楚的两个概念。有位经济学家曾经说过，**同样是投资，富人得到的是资产，而穷人和中产阶级得到的却往往只是负债**。”

“为什么呢？”

“儿子，听我慢慢跟你说。**所谓资产，也就是能把钱放进你口袋里的东西，而负债则是把钱从你口袋里取走的手段**。这样说可能会更明白一些，如果你想变富裕，在你的一生中就必须不断地增加资产。如果你想变穷或是成为中产阶级的话，不断地买入负债就行了，也就是不断向银行借钱买飙涨的股票，或投资自己不熟悉的标的物。就是因为不知道资产与负债两者之间的区别，很多人常常误把负债当作资产买进，导致绝大部分人最终会被困在复杂的财务问题中。现在很多人只关心怎样才能快速致富，但又因为钱来得快，不知节流，把现金都不断花掉，结果是增加收入的同时也增加了支出。这样一来你就会陷入到一个拼命赚钱、拼命负债，拼到最后还是一无所有的恶性循环中。"

"那么应该怎么做，才不会导致您所说的那些恶性后果呢？"

"哦，很高兴听到你这么问，我的儿子。不想被税款和债务困扰的最好方法就是掌握驾驭它们的方法。作为父亲，我建议你从现在开始就要学习一些必要的财务知识，当然，要你学习这一切并不是为了把你培养成为股票经纪人、投资顾问或是执业律师，爸爸只是希望你要掌握一些现代社会的必要财务知识，驾驭自己的人生。"

很多人对税务非常头痛，甚至完全不理，导致经常在不知情的情况下，多缴或是被裁罚了很多税金。纳税是应尽的义务，懂得税务，才能了解自己的资本，税务名目虽然繁多，但只要挑选几项重要税目，与子女说明税务的意义、作用，甚至如何才能合法节税，这些都是理财教育不可或缺的重要部分。同样地，很多人在面临债务时，常常采取不问不理的态度，其实只要面对就是解决的开始，切忌让债务如雪球般越滚越大，因为失控的变化绝对会严重影响财务的计划。关于债务的警觉，不仅要提醒孩子，更要提醒自己，18世纪的哲学家休姆（David Hume）曾说过："国家不消灭公债，公债就会消灭国家。"对个人来说，这句话同样可以改写为："个人不消灭债务，债务就会消灭个人。"

第七章
如果有一天

第一节　孩子，我失业了！但别担心

“孩子，我失业了！”这对很多失去工作的父母来说，往往是十分难以向孩子开口的一句话。美国热门儿童节目“芝麻街”就针对全球经济衰退，许多父母因此失业，家中经济拮据，又不知道该如何向孩子解释家中处境的状况，开辟了特别节目，由知名卡通角色大鸟等代替父母向孩子解释为什么不能常去麦当劳、家里的车怎么突然消失了，让小朋友们理解当下的经济状况，同时陪伴失业家庭渡过不景气的难关。

当然，任何人突然失去工作都会顿失重心，心情大受影响，若本身还有家庭、子女要照顾，压力会更加沉重，毕竟收入短缺，生活开销就是一大问题，此外又担心孩子在知道自己失业后会看不起自己，或是无法专心读书，最后便选择沉默，努力维持一切正常的假象。有些公园甚至出现了身着西装的失业者，他们就是不想让家里知道自己已经失业，于是仍然每天佯装上班，但其实是到公园枯坐一天。

其实对孩子隐瞒失业的情况是不智之举，因为孩子的观察力是敏锐的，他们可从父母的言行举止中察觉细微的家庭气氛变化。孩子是家中的一分子，绝对有权利知道家庭所遭遇的困境为何，只有让他们明了现状，他们才会产生危机意识，懂得体谅父母的难处，进而全家同心协力，一起渡过难关。

在孩子眼中，他们未必觉得自己只是小孩，他们觉得自己是家中的一分子，是独立的个体，所以父母可以像对待朋友一样，静下心与孩子进行对话，至少要让孩子了解下一步可以如何做，让他们安心。孩子的韧性很强，如果父母能够乐观、充满希望地计划失业后的下一步，开始找工作，当孩子从中感受到安全感，并相信父母能渡过难关时，他们便会学习父母的乐观态度，表现出更坚强的一面，同时更可以在这场危机中获得更多的责任感、自制力及应变能力。

很多人都将失业者与失败者画上等号，但是，在设立诺贝尔奖的瑞典人眼中，失业者并不是失败者，而只是职场生涯暂停而已，如何重新出发才是休息时该思考的方向。

瑞典各地都有许多成人学校，而且这些学校完全免费，只要年满 20 岁、没有工作就可以向成人学校求助，不单单学费免费，就读期间学校还会为学生支付生活费。不同于美国社会里强调竞争的弱肉强食，瑞典是以福利国家闻名，这是斯堪的纳维亚各个国家所讲究的“从摇篮到坟墓”（Cradle to Grave）一生的社会安全网制度。在国家搭建的安全网里面，有人人可享的权利，也有面临人生风险时该具备的应变态度。最值得称许的是，他们从一开始教育孩子时，就会教导孩子说社会里的每一分子都会遇到困难，只要你是社会里的一分子就要做出贡献。

今天瑞典父母可以做到的面对失业的态度，任何父母也一定可以做到，瑞典孩子可以领悟的事，同样任何国家的孩子也一定可以的。失业，不仅是个人的事情，也是关乎一家人的事情。不让孩子知情，并不是疼爱的表现，反而错失了让家庭成员更紧密团结及让子女认识到计划人生、规划财务重要性的最好时机。

第二节　孩子可能的心理反应

金融风暴之后的失业率屡创新高，身为家庭经济支柱的父母受到不景气的影响，面临着裁员、减薪的无奈，孩子当然也不能幸免地受到影响。每当经济问题发生，不仅是大人的问题，更是孩子的问题，毕竟他们同样无法幸免。

到底做父母的应不应该将自己在职场上面临的情境告诉孩子呢？有人认为“不应该”，因为孩子毕竟年幼，他们需要快乐、无邪的童年，不要用大人世界的无情淘汰或是争权夺利的负面情况冲击他们，或者令他们害怕、担忧。而且孩子就算明白了也无法帮忙解决问题，或是因年幼而抗压力不够，反而将大人的处境恶化。但也有人主张“应该”，毕竟这个社会发生的所有状况，一动一静、好的坏的，孩子都是要面对的，不告诉孩子不代表他可以永远不用面对。

不过，为人父母的担忧是可以理解的，也不是全然毫无意义的。实际上，加州大学一位心理学教授康格尔（R. Conger）追踪二十年的一项研究发现，曾因金融风暴而情绪受创的孩子，可能引发后续的忧郁、焦虑、适应问题和同侪关系不良。这个研究结果可能会令很多父母更加担心与害怕，以至隐瞒了实际的状况。父母担心的是，孩子年纪小，社会经历不足，大人对失业都很害怕，不知如何解决，更何况是孩子。而且就算孩子知道了也不能解决问题，反而有可能选择辍学打工，到时就会害了孩子的一生。

的确，因为根据调查发现，金融风暴后各国大学都出现了严重的休学或退学情形，失业家庭的学童有七成担心家庭经济问题，这个数据令很多关心学童问题的社工人员十分心痛。孩子本该是无忧无虑的，但实际上孩子能够敏感地觉察到家中的气氛变化，以及大人失业造成的无形压力，不只家长被生活压得喘不过气，就连孩子都跟着痛苦。

可是，由大人独自承担或许并不是最好的方式，人毕竟都有一定的承压界线，欠缺家人的同情与理解，反而不容易走出忧郁。根据精神科医师的临床观察，失业者身心会遭受很大的压力，调适不好的人，可能常会睡不着、吃不下，而且会有罪恶感，所以父母应自己承担痛苦还是与家人共同承担，确实是很为难的问题。但可以肯定的是，如果没有家人的支持，失业者严重的话可能会罹患忧郁症，甚至想自杀，必须到医院看减压门诊，吃药舒缓病情。

父母陷入失业的困境时，其实孩子也正经历着相同的压力，毕竟传媒的报导效果是不容忽视的，很难完全让孩子不察觉到。所以，父母应面对面和孩子讨论面临的情况，适度地调整家庭成员的压力，彼此做好心理准备，共同面对更艰巨的经济环境。重点就在于，父母应先冷静控制自己的情绪，告诉孩子对未来有什么计划。孩子需要的是安全感，让他们了解父母的计划，看到父母的行动力，他们就能安心，面对经济危机，也能展现超乎预期的坚强韧性。

经济虽然重要，但并不代表一切，在健康、愉快的气氛中成长的孩子才更为开心，因为钱或许能带来物质生活的自由，但未必能带来快乐的心灵。从小大家最喜欢听的是幸福快乐的童话故事，但现实生活中，人生并不是一帆风顺的，不时地可能发生冲突对峙，不可能永远都幸福美好。可惜的是，学校里只有口头教育、书面教育，却缺少行动教育，很多人都要等到走向社会后才了解真实社会，与其如此，倒不如好好利用面临的家庭经济危机，培养孩子面对挫折勇敢活下去的心态。既然这门理财课代价昂贵，因此更应该让孩子理解其中的意义。在全家彼此理解的情况下，共渡难关，也就能建立更亲密的家庭关系以缓和失业的冲击。

第三节　不景气时的理财教育

尽管有意与孩子谈论面临的困境，但很多父母内心的疑问都是："经济不景气，我该怎么教育孩子面对？"父母该如何跟孩子沟通与说明，又该采取什么样的教育措施呢？

当金融风暴来袭时，美国劳工部总会公布了申请失业救济的人数，现实是即便后来经济有复苏迹象，在一定时间内仍无法阻止雇主继续裁员。根据报告指出，失业人口中，非自愿性失业者占的比例几近半数，平均待业六个月，痛苦指数竟高达59.9，代表着失业人口压力的巨大程度。换言之，当经济风暴出现后，类似的媒体报导就会持续一段时间，大人很难完全避免让小孩感受面临的情况，孩子心中的害怕更是不在言下。

以2008年的金融风暴为例，荷兰一家电视台的儿童频道对2400名9～14岁的儿童进行了采访，其中85%的受访学童认为社会经济会变得越来越差，75%的学童认为股票会因此贬值，超过60%的学童表示银行会变得不再有钱。东方的香港也在来年一项针对三百多名小学三年级至六年级的学生所进行的调查中发现，七成学童表示自己听到金融海啸时出现负面情绪，例如感到不开心、担忧及害怕，六成学童反映家长并没有向他们讲解金融海啸，也有六成学童表示在电视上看到了金融海啸的信息，还有一成是从学校知道了相关知识。这些调查说明在金融风暴侵袭的同时，孩子全都感受到了。

金融危机冲击的不仅是成年人的世界，未成年子女的受教育权利也可能遭受波及，看美国政府的处理即可印证。美国政府就金融危机给孩子们带来的冲击及影响提高警觉，例如增加教育部的经费，并且大幅扩张政府在大学财务负担中扮演的角色，让更多学生上大学，包括提高对低收入家庭所设的大学生财务补助标准，以为应对。

美国总统奥巴马甚至破天荒地以总统身份向全美中小学生发表电视演说，勉励所有学童要用功读书，不要怕失败。他甚至诉说自己童年在印度尼西亚时，没有父亲，母亲一人上班养育他，因为收入微薄，没有办法供他上美国学校，所以只能在家教育他，他清晨四点半起床，由母亲教他读书写字。他向学童们承诺说："我努力尽我的责任，提供给你们需要的教室、课本、设备、电脑，但是你们也要尽你们的责任。"以此敦勉美国学生。

再看英国，在野党自由民主党提出"教育救贫计划"，要求政府编制25亿英镑经费，补助每年约一百万名学童有免费营养午餐，或是提供一对一的课后家教，还有在周六额外的训练或辅导。面对金融风暴造成很多父母失业或家庭财富缩水，进一步影响孩子就学的状况，日本鉴于不上学或中途辍学的高中生越来越多，决定辍学生自行在校外学习或到非学校之教育机构接受教育的话，如果上课天数或出席率经过校长认同，可视同到校的出席率，并且享有各种“通学月票”优待。

不过，这些都只是物质上的援助，孩子真正需要的是心灵上的帮忙。在全球化时代，这一代的孩子或许要比任何一代都处于更大的变动中，因为小小年纪的他们就要面对前所未有的金融风暴袭击，什么都不懂的他们不知道大人们为何会突然一夕之间变穷了，想知道明天过后会怎么样，自己的未来要如何走下去，孩子虽没有直接说出自己心中的疑惑，但不代表没有，藏在心底不说出来的疑惑对他们伤害的程度是家长无法预料的。

早有调查发现，学童对金融风暴没有充分完整的认知，再加上新闻媒体的过度报导，会引发学童害怕、恐惧、不愉快的负面情绪出现。因此，学校及家长应教育学童，并加强他们对金融风暴的认知，灌输正面的价值观。美国密执安州的一个学区针对金融风暴的影响写给家长一封信，信中提出了七项建议，这封信的内容可以作为父母们的参考，包括：

一、掌握准确的信息，并以孩子能够理解的方式向他们说明解释。

二、允许孩子提问题和表达他们的关切，倾听他们从学校和朋友那里获得的讯息。

三、适当地向孩子解释家庭的财政计划，以减少他们的担忧。

四、如果你还没有家庭理财计划，不妨考虑和孩子一起制订计划，好使他们从中学到最基本的财务知识。

五、保证家庭娱乐时间，例如和孩子做游戏、举办家庭烛光晚餐，应要让孩子感到幸福并非由金钱所决定，处于困难时期时，家庭、朋友和创造力更为宝贵。

六、保持信息畅通，如果有坏消息，应及早向孩子说明，如果有好消息，也别忘了告诉孩子。

七、和学校保持联系，必要时可向学校、学区的咨询人员、社工以及管理者求助。

从这封信的建议可以清楚看出，这是一种“**信息互享、**

结果分担、未来共创、多方合作”的面对方式。父母与子女皆是其中的环节，没有谁可以缺席。各国的教育都积极为孩子们规划财商教育，毕竟，给孩子一条鱼，孩子可以吃一天，但是教孩子钓鱼，孩子可以受用一辈子。教育专家都建议通过金融风暴或是经济萧条的机会训练孩子拥有独立自主的能力，学会存钱、赚钱与支配金钱，同时以积极进取的生活态度，耐心、爱心、勤俭、勇敢的精神特质，面对可能的危机。这是训练他们早日独立，并且拥有健康、勇敢心态的好时机。

第四节　北欧的教育观念

最坏的时刻做最好的选择，最坏的经济时刻就是最好的财商教育时机。2008 年 9 月，全球金融受到美国次级房贷影响而掀起前所未见的危机，更是继 20 世纪 30 年代世界经济大萧条后，最严重的一次全球性的金融危机，几乎没有一个国家可幸免于金融风暴的打击，连带着股市狂跌、失业率上升，许多家庭也不得不缩减开支，过着节俭的生活。类似的经济风暴，无疑是一个很好的教育孩子认清风险、管理财务、俭约度日的机会。

经济重挫，不仅使有钱人变穷了，社会上的贫困家庭也变得更多，然而无论贫富家庭，其孩子都反而有了绝佳的时机来更深刻地体悟财务知识。原本他们是最无忧无虑的，平时对家里的经济状况不了解，也甚少去关心，但就在父母可能因为投资失利、收入减少连带家里生活出现变化时，反而是对孩子很好的观念灌输机会。就算自己对经济并不理解，但是至少别在孩子面前抱怨工作或是面临的处境，因为父母是孩子最重要的行为典范。

面临不景气危机的家长心情固然不好，但是若在孩子面前发牢骚抱怨，只会增加孩子对未来的恐惧，让父母更难教导孩子。大人的难题虽是由大人解决，若想要坦白告诉孩子现在的困境，不妨正面引导："现在经济不景气，爸爸妈妈的收入变少了，家里的环境将会大不如前，但是如果我们大家省吃俭用，保持乐观的心态，困难会很快过去的。"此时更是与孩子分享的最好时刻，借着父母在经济上的教训，上给孩子人生最好的一堂经济课程。

不景气的现象虽然无可避免，但仅是一时，家庭气氛对孩子的影响却是一辈子的。当父母面对危机的态度比较正面、坦然，父母对待孩子教育的态度一致时，在孩子身上将看不到他对人生或社会的不满。就一个家庭而言，危机处理和未来规划有讨论的机会，可以增加成员相互之间的和谐气氛，当然也就减少了负面情绪。

坐落在阿尔卑斯山脚下的瑞士，有着世界上最美的风景，住着一群全球最富裕的人，是很多人羡慕的人间净土。不过，令人难以想象的是，瑞士的国土面积为4.2万平方公里，全国土地有三分之二属于高山、冰原、森林与牧场，其中二分之一的土地海拔高度超过1200米，缺少矿产、原料等自然资源，再加上冬季漫长，实在令人很难想象瑞士人怎么可以平均年收入高达56000美元左右，是全球生活水平最高的国家。

瑞士的富裕有很多原因，但其传统的教育观绝对是重要的成因之一。瑞士父母强调身教的节约生活，造就了瑞士人世代养成辛勤劳作、节俭支出、居安思危、为未来做好储备的美德，也因此瑞士人在穷困的时候与富裕的时候都保持一样的心态，这是很关键的文明人素质，当然也推动了瑞士经济的持续发展。

到底瑞士人平时的生活有多节省呢？比如，一般人熟知的是，瑞士人习惯在平底锅里放一些水，然后水沸腾了就将电源关掉，这时候还有的余热，就可利用其来将鸡蛋煮熟，目的是节约一半电费。瑞士的家庭主妇喜欢开车去邻国购买价格较为便宜的食品，修砌贮水池接雨水冲洗厕所。还有瑞士男士平时喝酒并不喝葡萄酒，只喝啤酒，原因是葡萄酒的价格较啤酒高。另外，瑞士父母不主动提供金钱给孩子，孩子想要零用钱就必须分担工作，而且瑞士父母从小就教导孩子分辨什么是“想要”，什么是“需要”，让需要不多、想要太多的孩子从小就了解金钱的使用法则。

最后还要特别提到，北欧的教育与一般人们熟知的教育观念有别：一般的教育是以“教”（teach）为出发点，将自己的所知告诉下一代；但**北欧的教育观念是注重“学”（learn）**。前者是提供了标准答案给学生，后者则是让孩子通过自己的学习理解事物的道理。即使面对同样的事情，每个人的学习体会也并不相同，因此北欧教育让子女或学生自行摸索，大人只是从旁协助，这样的学习成效会比纯粹给答案的模式化教育更为突出。

相较来说，亚洲的父母大多要求孩子好好念书就好，其北欧的教育观念是注重“学”（learn）。

他事可不需理会，造成不少孩子平时连家里的经济状况都不怎么关心，更何况全球经济大环境了。因此金融风暴来临是一个很好的机会，可以教育孩子认识处境，养成勤俭节约的习惯，反而对孩子的人生是最大的帮助。让我们参考瑞士人或是北欧的教育观念，学习什么才是正确的生活态度与子女理财教育吧！

结 语

《CHILD》儿童理财教育法则

给小孩一个富足的人生，望子成富，是为人父母的心愿，我与艾玛对保罗和塞丽娜也抱持一样的期望。因此，我们非常强调灌输给孩子正确的金钱价值观，以及从生活教育中建立并提升他们的财商。随着孩子渐渐成长，他们对金钱的使用都能有理性、正确的判断，让我与妻子非常欣慰。每个地区虽然对财务管理有不同的见解，但是让孩子提早建立相关的认知是普遍的共识。在这个过程中，父母可以通过几种观念与做法，为孩子未来的富足人生奠下基础，这就是所谓的**《CHILD》儿童理财教育法则**，内容是：

C是cooperative（合作式的），父母必须与孩子一起参与，共同为子女的财务教育打下基础。

H是helpful（帮助式的），适当地要让孩子做主，训练他们的判断力，而不是支配式的（dominant），换言之，是采取从旁辅助的态度，帮助孩子慢慢建立正确的观念。

I是interactive（交互式的），父母与子女之间，可以通过游戏、虚拟投资甚至实地操作来接触各种理财知识与观念，在过程中要保持双方的沟通与互动，好逐步修正观念与做法。

L 是 learning（学习式的），要求孩子多学习，每一次的教导都要得出启发，让孩子在每一种课程设计中学到心得，并且内化成永久的观念与习惯。

D 是 deal（交易），每一次的理财，包括投资，以及任何金钱使用，都是一种交易，交易就会涉及盈亏，涉及代价，涉及取舍。交易，就是让孩子了解理财的本质，每一种财务行为都要有合理的成本支出，绝不是凭空获得的。这些观念可以帮助小孩在进行理财时能权衡所有情况。

《CHILD》儿童理财教育法则，是我这些年的育儿心得，在此与所有父母分享，希望能有助于为人父母的亲子理财教育。

篇末的叮咛

教会自己与孩子思考的那些事

蝉联世界首富十多年的比尔·盖茨（Bill Gates）每年都会替自己安排两周时间，让自己离开繁忙的工作，全力用来沉淀与静思，好想想未来的变化，称为沉思周（think week）。这个例子告诉我们思考有多么的重要。

著名的趋势专家约翰·奈斯比特（John Naisbitt）曾经说过："在信息时代，人们最需要的技能就是学会如何思考、学习以及创造。"我们每天90%以上的行为都是出于自己的思维，唯一能够有效改变生活的手段就是改变我们的思考观念。正确且正面的思考往往有助于人生的顺利，虽然很多人的观念总是认为机遇是成功的最大关键，但是对机遇的掌握与否，关键仍在于你是否具有杰出而正确的思考能力。安于现状而平庸的人总是流于惰性思考，不爱动脑，相反地，那些最终能成就大事者都是在早期就养成了勤于思考的习惯，他们善于发现问题、解决问题，甚至能让不好的事物转变为好的机遇。所有计划、目标的执行，都是思考的产物，而思考力，是自己唯一能完全控制的东西。我们可以以聪明或是愚笨的方式运用思考力，但无论如何运用它，它都将会显现出一定的力量，控制你的方向，左右你成为一个什么样的人。父母对孩子的理财教育更要积极运用思考力，而不是顺其自然发展。比如，**作为家长，你是否曾思考过：**

·是否看到孩子跌倒，可以忍住跑过去扶他的冲动，让他自己站起来?

·是否你一不在身边，小孩就变成了生活白痴?

·你总是抢先帮子女打点好一切，反而剥夺了他们学习思考的机会?

·如何营造让孩子独立安排自己生活的环境?

关于金钱，你可以帮子女思考的方向：

·能让自己不因花钱而感到陷入匮乏吗?

·能掌握积极投资可赚钱的机会，例如投稿、做家事、帮隔壁剪草、道路除雪、参加小区服务等等，而不是只跟父母伸手拿钱吗?

·随时备有应付不时之需的金钱吗?

家庭教育对孩子的思考有极大的影响，父母的思考其实梦想是成就得以起飞的最大力量。

决定了孩子的发展方向，不仅是父母要思考，同样也要培养孩子思考。很多孩子在小的时候都喜欢胡思乱想，这是件好事，如果一个孩子连幻想都不敢，那么他将来一定难以成就大事。当你的孩子在你面前用充满童真的稚嫩声音说他想成为亿万富翁时，即使你还在为下一顿饭要怎么办而烦恼不已，也千万不要泼冷水，或是斥责你的孩子做白日梦，因为**梦想是成就得以起飞的最大力量**，一旦孩子早早就有了目标，有了憧憬，努力有了方向，他的成功就更加值得期待。若你的孩子梦想拥有富裕丰富的人生，父母的责任就是告诉子女，哪些人格特质能帮助他们成就愿望：

第一，敢于做梦。想要有所成就，或是经济不虞匮乏，首先一定得要有积极的梦想。而现实中足够的经济能力，就是用来满足个人欲望最好的工具，有梦想和欲望的人为了实现自己的人生理想、达成自己的愿景，一定会充满斗志，这斗志就是激励他追求富裕的最大动力。因为他们比任何人都明白，有梦想的目标，才是实现自己梦想的最佳快捷方式。

第二，虽然应用钱谨慎，但要懂得施舍。“懂得取舍”影响孩子的人生观之大，不可忽视！常常听到有人说，越是富有的人就越小气，其实可能是因为只有努力赚钱者才知道其中的困难与艰辛。他们虽爱惜金钱，但也懂得取之于社会，须有适度的施舍和回馈，因为在他们眼中，施舍就是赚钱的重要手段之一。同时，这是讲究合作的时代，想要在财务上有所收获就必须依赖合作，与人建立关系。许多理财投资的丰硕成果，往往不是一个人能够独立完成的，既然如此，多数富有者都绝对乐于与人分享，贡献自己的一份心力。

第三，保持正直。追求富裕的人生固然重要，但在过程中，一定要保有正直的性格。金融风暴的发生，究其原因是许多本质不佳的金融商品经过巧妙的包装，加上强力的促销，成了戕害消费大众的劣质品。只为获利的金融机构，未尽到把关的社会责任。同样地，前几年许多做假账的公司爆发惊人的丑闻，也是因为执行长或领导阶层的观念偏差，为了账面好看，背离了最重要的诚信精神。想要真正的成功，第一原则就是保有正直，而这必须从小就做起。

第四，勇于突破现状。想想看，如果你的孩子长大后习惯朝九晚五的上班族生活，日复一日，年复一年，任凭岁月消逝，也没有任何怨言，也未曾思考任何改变，那么他们就不容易成为财富的成就者。一个积极想改善生活质量的人，不以现状温饱为满足，绝对会抓住机会让自己的生活充满赚钱的动力，因为只有当你具备“不满现状”这种心理条件时，遇到再冷、再热的天气，再苦、再累的工作，你才会心甘情愿地去完成。养成了这个不满足的赚钱习惯后，能拥有的财富自然也就愈来愈多了。

第五，别担心起步的基础比别人低。其实，许多富裕者多半有自食其力的苦难史。A man is rich when he once becomes familiar with scarcity（人必因熟悉匮乏而致富），这是一句很棒的话，通过让孩子因为匮乏感而成为日后的有钱人，亦是寒门出富翁之途径。匮乏会产生无比的力量，现今成功的企业家有一小部分是继承祖业，但绝大多数是从小贫困、白手起家的创业者，如国际著名的投资家、人生第一份工作是5岁开始在棒球比赛中捡汽水瓶的罗杰斯（Jim Rogers），以及17岁时仍然流落伦敦身无分文的国际金融投资者索罗斯（George Soros）。索罗斯说过：“**我生而贫穷，但不会穷死。**”确实是的，事实证明，他们的能力和累积财富的持久力大多优于第二代，这也就说明一个生长在贫穷家庭的小孩，因为穷怕、饿怕了，心里有比一般人更强烈的赚钱欲望，走在崎岖的路上，长大之后，他也会自然而然比别人更积极些。

第六，执著比聪明更重要。那些更加聪明、更加会读书的人，应该也是最会赚钱的人，事实上，当今网络新贵们也的确都是高级知识分子，然而这些科技新贵只占富豪排行榜的一小部分，绝大多数创造财富的人都不是名校毕业的高材生。这正是因为一般社会精英往往囿于理论，且容易自恃聪明，他们的高智商反而会成为取得成就的障碍，因为只要一时没有收获，他们可能就会立刻放弃。反而是一些不拘泥于理论、从“做中学”（learning by doing）的人，秉持不放弃的精神，才能更踏实地走上成功致富的道路。

第七，懂得检讨自省，找到信心。在日常生活里不断审视自己的行为，做有价值的觉察，还要充满自信心和好奇心。如果孩子总觉得自己太矮、太胖、口才不好、相貌不佳等等，他们就会在自己追逐目标时因缺少信心而裹足不前。理财投资也一样，想要有成绩，不仅要充满自信，更要充满好奇心和冒险精神，这些是生活进步的原动力，一种创造力，也是一种魄力，更是致富的主要因素。

第八，勤奋而不害羞。想要在财富上有所收获，一定要索罗斯说过：“我生而贫穷，但不会穷死。”

勤于“动”，平常勤于与人互动，让自己的人际关系活跃起来，在信息交流中，理财的渠道与认识才更能清晰可辨。投资理财行为也一样，投资为“动”，储蓄则“静”，如果仅是储蓄，赚取一些利息毕竟所得有限，只有合理地投资、活用金钱，才能激荡出更多的可能，赚更多的钱。在动的过程中，要特别记住不要害羞，不要怕没面子，很多时候，机会就是一个大胆、乐观的实验过程。

第九，学会赞美。赞美是孩子学习分享的第一步。从经济学的角度看，赞美可是一种产出大于投入的投资，给人以赞美甚至不需要任何物质上的付出，但却可能得到绝对超值的回报。美国哲学家与心理学家威廉·詹姆士（William James）曾说过，人类本性最深的企图之一就是期望被人赞美和尊重。这是每个人内心里的一种最基本的愿望。我们都希望自己的成绩与优点得到别人的认同与尊重，哪怕这种渴望在别人看来似乎带有点儿虚荣的成分。

第十、注重细节。有一句话说“魔鬼藏在细节里”（the devils in the detail），就是提醒我们注意小地方的重要性。一个有趣的发现是，很多有钱人的名片往往只印刷单面，而不选择双面，对此很多人并不理解，其主要原因是他们能够在对方递给名片后，立即在背面写下一些重要有用的信息，抓住一些商机。又如，一位富商朋友告诉我，他看报纸时不仅注意头条新闻，还会留意分类广告，因为从这里面往往可以认识自己不知道的商业世界，进而发掘到不少商机。虽然这些都是生活中的小细节，但其中蕴含着深刻的智能，在不经意中很可能会成就一个人的梦想或事业。所以，告诉自己，也告诉孩子，理财要从小处做起，谨小慎微，积沙成塔，这是累积成果的金科玉律，也是亲子间随时应该提醒的理财相对论。